JN438749

한국인을 위한

항공객실서비스 중국어

mp3 파일은 센게이지 홈페이지 (cengage.co.kr) 자료실에서 다운로드 하실 수 있습니다.

Cengage

Chinese for Airline Cabin Service

Song Hwayoung

Suh Sunghee

© 2023 Cengage Learning Korea Ltd. ALL RIGHTS RESERVED.

No part of this work covered by the copyright herein may be reproduced or distributed in any form or by any means, except as permitted by U.S. copyright law, without the prior written permission of the copyright owner.

For permission to use material from this text or product, email to **asia.infokorea@cengage.com**

ISBN: 978-89-6218-539-3

Cengage Learning Korea Ltd.
14F YTN Newsquare 76 Sangamsan-ro
Mapo-gu Seoul 03926 Korea

Cengage is a leading provider of customized learning solutions with employees residing in nearly 40 different countries and sales in more than 125 countries around the world. Find your local representative at: **www.cengage.com**.

To learn more about Cengage Solutions, visit

www.cengageasia.com.

Every effort has been made to trace all sources and copyright holders of news articles, figures and information in this book before publication, but if any have been inadvertently overlooked, the publisher will ensure that full credit is given at the earliest opportunity.

Printed in Korea
Print Number: 01 Print Year: 2022

Chinese
汉语

한국인을 위한

항공객실서비스 중국어

송화영 · 서성희 지음

Cengage

Australia • Brazil • Canada • Mexico • Singapore • United Kingdom • United States

송화영

이화여자대학교 통역번역대학원 한중통역과
연세대학교 중어중문학과 박사수료
현) 한국항공대학교 자유전공학부 교수
국제회의 통역사
전) 중국북방항공 여객운송부
저서) 중국어 통번역 대공략 〈중한번역 편〉 (동양문고, 2017년)
중국어 통번역 대공략 〈작문 편〉 (동양문고, 2017년)

서성희

이화여자대학교 불어불문학
연세대학교 교육대학원 산업교육 석사
현) 한국항공대학교 자유전공학부 교수
전) 대한항공 36년 근무
비행 2만 2천 시간
객실훈련원장 역임
저서) 멋진 커리어우먼 스튜어디스 (백산출판사, 2014년)
항공운송실무 (백산출판사, 2010년)
매너는 인격이다 (백산출판사, 2005년)

한국인을 위한 **항공객실서비스 중국어**

초판 1쇄 인쇄 | 2022년 8월 1일
초판 1쇄 발행 | 2022년 8월 9일

지은이 | 송화영, 서성희
그림 | 송범진
편집 | 김민정
발행인 | 송성헌
발행처 | 센게이지러닝코리아㈜
등록번호 | 제313-2007-000074호(2007.3.19.)
주소 | 서울시 마포구 상암산로 76 YTN 뉴스퀘어 14층
전화 | 02) 330-7000
이메일 | asia.infokorea@cengage.com
홈페이지 | www.cengage.co.kr
ISBN : 978-89-6218-539-3

정가 23,000원

머리말

올해 한국과 중국은 수교 30주년을 맞이했습니다. 이 짧은 30년 동안 중국은 빠른 경제 성장을 이룩해 세계의 주목을 받았고 중국어 학습에 대한 필요성도 그 어느 때보다 높아졌습니다. 이는 항공업에서도 예외가 아닙니다. 중국 해외 관광객 수와 유학생 수가 늘어나면서 항공업계에서도 중국어 소통 능력이 중시되고 있습니다.

언어에는 그 나라의 문화가 반영되어 있습니다. 따라서 다른 나라의 문화를 이해하는 데는 그 나라의 언어를 익히는 것이 큰 도움이 됩니다. 특히 항공객실승무원은 다양한 국적의 여행객을 만나기에 이문화 이해는 필수이며 이를 위해 기본적인 제2언어를 익혀야 합니다. 항공업에서 크게 늘어난 중국인 비중을 고려해 보았을 때 제2언어로서 중국어 구사 능력은 이제 항공객실승무원이 갖춰야 할 조건 중 하나가 되었습니다. 이에 국내 항공사도 승무원 신입 훈련 때 기본적인 중국어 기내 대화문 교육을 실시하고 있습니다.

항공객실승무원은 객실 안전과 서비스를 제공할 뿐만 아니라 여행객이 타국으로 향하는 여행길에서 가장 처음 만나는 민간 외교관이기도 합니다. 예를 들어 한국 비행기에서 한국 승무원이 주는 좋은 인상은 항공사에 대한 만족도 향상은 물론 한국의 국가 이미지에도 긍정적인 역할을 합니다. 만약 글로벌 언어에 서툰 여행객이 비행 중 모국어로 소통할 수 있다면 그 여행길은 더없이 편안할 것입니다. 따라서 항공서비스를 전공하거나 항공사 취업을 준비하는 학생은 현장에서 필요로 하는 기본적인 중국어 기내 대화문을 미리 익히는 것이 유용할 것입니다.

이 책은 중국어 통역 교육 경험이 있는 언어학자 교수와 항공객실서비스 교육 경험이 있는 교수가 공동으로 집필했습니다. 중국인 승무원과 한국인 승무원이 실제로 사용하는 기내 대화문을 토대로 초급 학습자가 체계적으로 중국어를 학습할 수 있게 만든 것이 이 책의 가장 큰 강점입니다. 또한 단원 내용은 승객 탑승에서부터 항공기 출발, 비행 중 기내 서비스, 승객 하기에 이르기까지 항공객실서비스를 제공하는 시간 흐름에 따라 구성했습니다. 문법 용어를 최소화하였고 한국인 승무원이 기내에서 사용하는 대화문을 한국어 번역문으로 채택함으로써 중국어 기내 대화문 학습은 물론 한국인 승무원의 대화 기법도 함께 익힐 수 있습니다.

현장에서 오랫동안 쌓은 교육 경험을 토대로 구성된 이 책은 앞으로 항공객실서비스 교육 현장에서 예비승무원의 기본서로써 학생 여러분과 함께 비행의 꿈을 향해 비상할 것입니다. 아무쪼록 비행의 꿈을 가진 학생들이 이 책을 학습하면서 중국어에 흥미를 느끼고 항공객실승무원이 갖춰야 할 커뮤니케이션 능력을 배양할 수 있기를 기대합니다.

이 책이 출간되기까지 많은 도움을 주신 센게이지러닝코리아 편집부, 감수에 도움을 주신 한양여자대학교 진윤영 교수님, 녹음에 도움을 주신 한국외국어대학교 무전전 선생님께 깊은 감사의 말씀을 드립니다.

송화영 · 서성희

교재 학습법

각 단원은 서비스 단계에 따른 항공객실승무원의 대화문-단어와 구-학습 포인트-TIP-항공상식으로 구성되었습니다. 먼저 도입 부분에 제시된 녹음 파일을 듣고 한국어를 보면서 학습 내용을 살펴봅니다. 그다음 본문에 제시된 새로운 단어와 구를 익힌 후 상황별 대화문을 학습합니다. 대화문에 새롭게 나온 어법 항목과 유의할 사항은 학습 포인트를 참고합니다. TIP을 통해 본문과 관련된 문화와 보충 지식을 확충하고 항공상식 코너를 보면 항공 관련 지식을 쌓을 수 있습니다. 마지막으로 확인학습을 통해 듣기, 말하기, 읽기, 쓰기 연습을 합니다.

일러두기

1 각 단원의 도입 부분은 항공객실승무원의 서비스 제공 프로세스를 한눈에 볼 수 있도록 중국어와 한국어로만 구성했습니다.

2 대화문에 제시된 중국어 번역문은 한국인 승무원이 쓰는 대화문과 대응되도록 했습니다. 승무원의 대화법에 따라 한국어 문장 내 조사를 생략한 경우도 있습니다.

[예]	**给您。**	여기 있습니다.
	您需要购买免税品吗？	면세품 구입하시겠습니까?

3 단어의 뜻은 한글/외래어 순서로 표기했습니다.

4 단어의 성조는 중국교육부 중외언어교육협력센터가 편찬하고 연세대학교 공자아카데미와 중국연구원이 번역한 〈국제 중문 교육 중문 수준 등급 표준〉을 참조했습니다.

5 본문 익히기에 제시된 대화문의 빨간색 글자는 학습 포인트에서 다루는 어법 항목입니다.

6 학습 포인트에 제시된 예문의 번역문은 상황 맥락에 따라 서로 다른 화법을 사용했습니다.

7 이 책은 초 · 중급 학습자를 대상으로 한 것이므로 어법 설명을 최대한 간소화했으며 접근성을 위해 '빈어'는 '전치사', '개사'는 '목적어', 대사는 '대명사'로 지칭했습니다.

8 단어 풀이에서 품사 표기가 없는 것은 구입니다. 단어의 품사 약어는 다음과 같습니다. 명 명사, 대 대명사, 동 동사, 형 형용사, 부 부사, 전 전치사, 수 수사, 양 양사, 감 감탄사, 접 접속사, 조 조사, 조동 조동사, 고유 고유명사

9 주요 항공사 소개에서 중국 항공사의 한국어 명칭은 한국에서 사용하는 공식 명칭에 따라 표기했습니다.

10 녹음 파일이 제공된 곳에는 (녹음 표시) 표시를 해 두었습니다.

차례

01. 중국어의 개요 12

02. 중국어 발음 연습 17

연습문제 27

제1과

승객 탑승 29

1. 탑승 인사 32
2. 탑승권 확인 32
3. 좌석 안내 33
4. 수하물 보관 안내 34

학습 포인트 36

연습문제 40

항공상식 43

제2과

특별 승객 안내 45

1. 유 · 소아 동반 승객 48
2. 휠체어/도움이 필요한 승객 49
3. 특별식 요청 승객 50

학습 포인트 52

연습문제 56

항공상식 59

제3과

지상 서비스 61

1. 신문 서비스 64
2. 편의용품 서비스 65
3. 헤드폰 서비스 66
4. 시간 및 시차 안내 66

학습 포인트 68

연습문제 71

항공상식 74

제4과

이륙 준비 75

1. 좌석벨트 점검 78
2. 좌석 점검 79
3. 휴대전화 점검 80
4. 출발/이륙 지연 안내 81

학습 포인트 82

연습문제 86
항공상식 89

제5과
좌석 설비와 엔터테인먼트 시스템 91
1. 좌석 설비 안내 94
2. 엔터테인먼트 시스템 안내 95
학습 포인트 96
연습문제 100
항공상식 103

제6과
식사 서비스 105
1. 타월 서비스 108
2. 식사 서비스 1 109
3. 식사 서비스 2 110
학습 포인트 111
연습문제 114
항공상식 117

제7과
음료 서비스 119
1. 음료 서비스 1 122
2. 음료 서비스 2 123
3. 식사 트레이 회수 124
학습 포인트 125
연습문제 129
항공상식 132

제8과
면세품 판매 133
1. 기내 면세품 판매 136
2. 품절 안내/구매 예약 137
3. 환승 승객 면세품 구매 138
4. 선결제 예약 상품 전달 139
학습 포인트 140
연습문제 145
항공상식 148

제9과
입국 서류 149
1. 입국신고서 152
2. 세관신고서 153
학습 포인트 156
연습문제 160
항공상식 163

제10과
승객 휴식 165
1. 기내 정숙 169
2. 승객 개별 요청 응대 170
3. 승객 요청 업무 완료 171
4. 환자 승객 응대 172
학습 포인트 173
연습문제 177
항공상식 180

제11과

일상 안전 181

1. 기내 흡연 184
2. 기내 불법 방해 행위 대응 185
3. COVID-19 186

학습 포인트 188

연습문제 191

항공상식 194

제12과

착륙 준비와 승객 하기 195

1. 환승 승객 안내 198
2. 착륙 준비 199
3. 하기 안내 200

학습 포인트 201

연습문제 204

항공상식 207

부록

1. 중국어의 문장 부호 210
2. 취항지와 공항 명칭 212
3. 한국과 중국의 주요 항공사 216

연습문제 답안 및 방송 대본 219

사진 출처 226

01

중국어의 개요

외국어를 배울 때 그 나라 언어와 문자에 대한 배경지식은 효율적인 외국어 학습에 필수입니다. 본격적인 중국어 학습에 들어가기 전에 중국어란 무엇이며 어떠한 특징이 있는지 먼저 살펴보겠습니다.

1. 중국어란?

중국어는 말 그대로 중국인이 쓰는 언어입니다. 그러나 14억 명의 중국인이 사용하는 중국어에는 사실 수많은 방언이 포함되어 있습니다. 우리가 말하는 중국어는 일반적으로 '한어(汉语 · Hànyǔ)'라고 합니다. 인구의 92% 정도를 차지하는 한족(汉族 · Hànzú)이 사용하는 언어라는 뜻입니다. 따라서 '중국어 책'이나 '중국어 사전'을 '汉语书(Hànyǔ shū)', '汉语词典(Hànyǔ cídiǎn)'이라고 말합니다.

2. 중국의 표준어

중국은 국토 면적이 넓어 많은 방언이 존재합니다. 그래서 북방 사람과 남방 사람이 만나면 대화가 되지 않는 경우가 있습니다. 이러한 의사소통의 어려움을 해소하고자 중국 정부는 표준어를 제정하여 중국의 공식 언어로 사용하고 있습니다. 중국인은 이 표준어를 '보통화(普通話 · pǔtōnghuà)'라고 합니다. '보통화'는 '널리 통용되는 말'이라는 의미로 표준음은 베이징 발음, 어휘는 북방 지역의 방언, 어법은 현대 백화문(白话文 · báihuàwén) 저작을 규범으로 삼았습니다. 이에 반해 대만에서는 표준어를 '국어(国语 · guóyǔ)', 동남아시아 지역에서는 '화어(华语 · Huáyǔ)'라고 표현합니다. 모두 표준 중국어라는 뜻이지만 지역에 따라 부르는 방식이 서로 다른 것입니다. 일반적으로 특별한 구분 없이 '한어'라고 말한다면 표준 중국어를 뜻하는 '보통화'라고 생각하면 됩니다. 그만큼 중국에서 '보통화'가 중국인의 언어로 보편화되었기 때문입니다.

백화문이란 무엇인가요?

중국어는 문어체와 구어체 표현이 다소 다릅니다. 백화란 송(宋) · 원(元) · 명(明) · 청(清)대를 거치면서 확립된 중국어 구어체를 말하며 이를 글로 표기한 것을 백화문이라고 합니다.

〈중국어 개념도〉

- 중국어 (汉语 · Hànyǔ)
  - 보통화 (普通話 · pǔtōnghuà)
  - 방언 (方言 · fāngyán)

3. 중국어의 문자

중국인이 사용하는 한자에는 번체자(繁体字 · fántǐzì)와 간체자(简体字 · jiǎntǐzì)가 있습니다. 본래 중국에서는 번체자를 사용하였지만, 형태가 복잡하고 배우기가 어려워 이를 간소화한 간체자를 고안해 보급하기 시작했습니다. 현재 중국 대륙에서는 간체자를 사용하고, 대만이나 홍콩에서는 번체자를 사용하고 있습니다. 아래 한자를 보면 번체자와 간체자의 차이를 쉽게 알 수 있습니다.

〈번체자와 간체자〉

	번체자	간체자
한국	**韓國**	**韩国**
중국	**中國**	**中国**
학교	**學校**	**学校**

4. 중국어의 발음 기호: 한어병음

한글은 소리 나는 대로 표기하여 의미를 전달하는 표음문자입니다. 하지만 한자는 글자 하나하나에 의미가 있는 표의문자입니다. 따라서 문자를 읽는 발음 표기가 필요합니다. 오늘날 중국어 발음을 표기하는 방법에는 두 가지가 있습니다. 하나는 알파벳 로마자를 이용한 한어병음(汉语拼音 · Hànyǔ pīnyīn) 표기법, 다른 하나는 한자의 획이나 형태를 본떠 만든 주음부호(注音符号 · zhùyīn fúhào) 표기법입니다. 현재 중국 대륙에서는 한어병음을 채택하여 사용하고, 대만에서는 주음부호를 사용합니다. 중국 대륙에서도 예전에는 주음부호를 사용하였지만, 중국어 보급을 위해 배우기 쉬운 한어병음 표기법을 제정하였습니다. 실제로 한어병음은 외국인이 중국어를 더 쉽게 배우는 데 일조하고 있습니다. 그럼 중국어의 한어병음 구성을 살펴보도록 하겠습니다.

〈중국어 한어병음의 구성〉

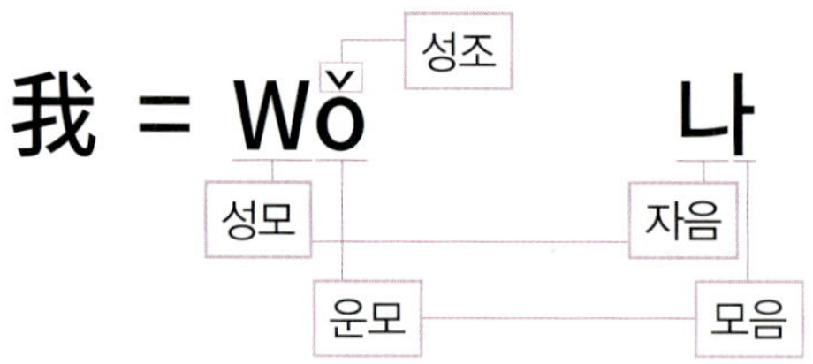

한어병음은 성모(声母 · shēngmǔ) + 운모(韵母 · yùnmǔ) + 성조(声调 · shēngdiào)로 구성됩니다. 성모는 자음, 운모는 모음으로 생각하면 됩니다. 성조는 소리의 높낮이를 말합니다. 중국어가 노래처럼 들리는 이유는 성조가 있기 때문입니다.

5. 중국어의 성조

표준 중국어의 성조에는 1성, 2성, 3성, 4성이 있습니다. 같은 발음이라도 성조에 따라 의미가 달라지기 때문에 주의해야 합니다. 성조의 높낮이는 다음과 같습니다.

〈중국어의 성조〉

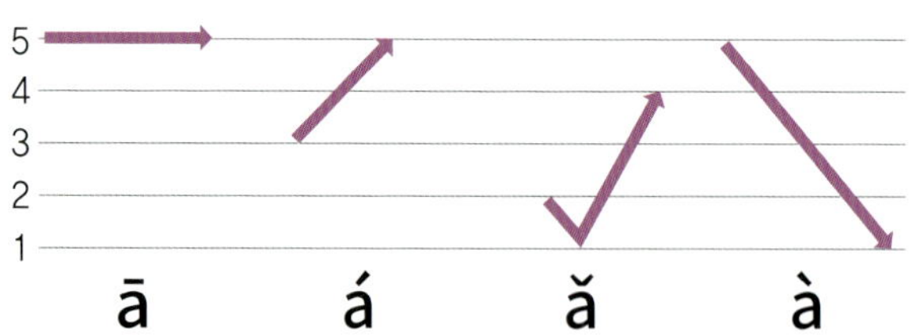

1성은 5도로 평평하고 길게 이어지는 소리입니다.

2성은 3도에서 5도로 짧고 빠르게 이어지는 소리입니다.

3성은 2도에서 1도로 내려갔다가 가볍게 4도로 올라가는 소리입니다.

4성은 5도에서 1도로 뚝 떨어지는 소리입니다.

성조가 얼마나 중요한지 다음 단어를 보면 알 수 있습니다. 'ma'라는 같은 발음도 성조에 따라 의미가 확연하게 달라집니다.

[예] mā (妈): 엄마 / má (麻): (식물) 마 / mǎ (马): (동물) 말 / mà (骂): 욕하다

6. 중국어의 특징

(1) 중국어는 SVO 언어

한국어 어순이 주어(S) + 목적어(O) + 술어(동사 · V)라면 중국어 어순은 주어(S) + 술어(동사 · V) + 목적어(O)입니다.

한국어		
나	너	사랑해!
주어	목적어	술어(동사)

중국어		
我	爱	你! Wǒ ài nǐ!
주어	술어(동사)	목적어

(2) 중국어는 성조 언어

중국어는 글자마다 고유의 높낮이를 나타내는 성조가 있습니다. 이러한 언어를 성조 언어(tonal language)라고 하는데 의외로 성조를 가진 언어가 성조를 갖지 않은 언어보다 많습니다.

(3) 중국어는 단음절어

중국어는 형태소의 대부분이 한 음절로 구성되어 단음절 언어(monosyllabic language)라고 합니다. 물론 포도(葡萄 · pútáo), 커피(咖啡 · kāfēi)와 같이 다음절 형태소도 있지만 단음절 형태소의 비중이 상당합니다.

[예] 山 shān / 人 rén / 马 mǎ / 水 shuǐ

(4) 중국어는 고립어

전 세계 언어는 어법관계에 따라 교착어, 굴절어, 고립어로 나뉩니다. 교착어는 한국어처럼 어근과 접사에 의해 단어의 기능이 결정되고 굴절어는 영어처럼 단어의 변화로 어

법관계가 나타납니다. 반면에 중국어는 낱말의 형태 변화 없이 어순에 따라 어법적 관계가 구성되는데 이러한 언어를 고립어라고 합니다. 다음 예를 보면 어순에 따라 문장의 의미가 완전히 달라지는 것을 알 수 있습니다.

[예] 我骂他。 내가 그를 욕한다.
Wǒ mà tā.

他骂我。 그가 나를 욕한다.
Tā mà wǒ.

(5) 중국어는 양사 언어

한국어에 책 한 권, 장갑 한 짝과 같이 단어를 세는 분류사가 있다면 중국어에도 이와 같은 기능을 하는 양사가 있습니다. 중국어는 양사가 체계적으로 발달한 언어입니다. 따라서 명사와 함께 관련 양사를 숙지하면 중국어 구사에 도움이 됩니다.

[예] 一个人 사람 한 명
yí ge rén

两首歌 노래 두 곡
liǎng shǒu gē

三本书 책 세 권
sān běn shū

(6) 중국어는 화제 중심 언어

중국어는 화제 중심 언어(topic prominent language)입니다. '화제'란 '진술하려는 대상'으로 '주제어'라고도 합니다. 화자가 말하고자 하는 내용을 문장의 맨 앞에서 먼저 언급할 때 이를 '화제'라고 합니다.

한국어			중국어		
코끼리는	코가	길다.	大象	鼻子	长。 Dàxiàng bízi cháng.
화제	주어	술어	화제	주어	술어

02

중국어 발음 연습

1. 중국어의 성모

중국어 성모는 총 21개가 있습니다. 성모는 한국어의 자음에 해당하며 단운모와 결합하여 읽습니다.

발음연습 1

b	p	m	f		o
d	t	n	l		e
g	k	h		+	
j	q	x			i
z	c	s			
zh	ch	sh	r		

쌍순음

양 입술을 붙였다 떼면서 내는 소리입니다. 단운모 [o]와 결합하여 읽습니다.

b	p	m
뽀어	포어	모어

순치음

윗니를 아랫입술에 살짝 대면서 내는 소리입니다. 영어의 [f]와 비슷한 소리로 단운모 [o]와 결합하여 읽습니다.

f

포어

설첨음

혀끝을 윗니 안쪽에 붙였다 떼면서 내는 소리입니다. 단운모 [e]와 결합하여 읽습니다.

d	t	n	l
뜨어	트어	느어	르어

설근음

아랫턱에 힘을 주어 목구멍소리로 강하게 내뱉는 소리입니다. 단운모 [e]와 결합하여 읽습니다.

g	k	h
끄어	크어	흐어

설면음

입을 양쪽으로 벌리면서 강하고 길게 내는 소리입니다. 이때 혀끝은 윗니에 닿지 않도록 합니다. 단모음 [i]와 결합하여 읽습니다.

j	q	x
지	치	시

설치음

혀끝을 윗니 뒷면에 두고 입술을 좌우로 당겨 내는 소리입니다. 단운모 [i]와 결합하여 읽습니다.

z	c	s
쯔	츠	쓰

권설음

혀끝을 살짝 말아 올려 부드럽게 내는 소리입니다. 이때 혀는 입천장에 닿지 않도록 합니다. 단운모 [i]와 결합하여 읽습니다.

zh	ch	sh	r
즈-ㄹ	츠-ㄹ	스-ㄹ	르-ㄹ

2. 중국어의 운모

중국어 성모를 제외한 부분을 운모라고 하며 한국어의 모음에 해당합니다. 크게 단운모, 복운모, 비운모, 권설운모, 결합운모로 구성됩니다.

발음연습 2

a	ai	ao	an	ang	
o	ou	ong			
e	ei	en	eng	er	
i	ia	ie	iao	iou(iu)	
	ian	iang	iong	in	ing
u	ua	uo	uai	uei(ui)	
	uan	uang	uen(un)	ueng	
ü	üe	üan	ün		

(1) 단운모

가장 기본이 되는 운모로 6가지가 있습니다.

a	o	e	i	u	ü
아	오어	으어	이	우	위

• [i]가 단독으로 쓰일 때는 [yi]로 표기합니다.

• [u]가 단독으로 쓰일 때는 [wu]로 표기합니다.

• [ü]가 단독으로 쓰일 때는 [yu]로 표기합니다.

(2) 복운모

단모음 2개가 합쳐진 것으로 각각 연이어 발음합니다. 입이 크게 벌어지는 운모를 더욱 강조하여 발음합니다.

ai	ei	ao	ou
아이	에이	아오	어우

(3) 비운모

콧소리가 나는 소리입니다. [n]은 한국어 받침 [ㄴ], [ng]은 한국어 받침 [ㅇ]으로 발음합니다.

an	en	ang	eng	ong
안	언	앙	엉	옹/웅

(4) 권설운모

혀끝을 살짝 말아 올려 내는 소리입니다.

er
얼

(5) 결합운모

[i], [u], [ü]와 결합하는 운모를 결합운모라고 합니다. 결합운모에서 맨 앞에 오는 [i], [u], [ü]는 짧고 가볍게 발음하며 뒤에 따라오는 운모는 길게 발음합니다.

① [i]와 결합

ia	ie	iao	iou(iu)
이아	이에	이아오	이오우

ian	iang	in	iong	ing
이엔	이양	인	이옹	잉

• [i]와 결합하는 운모가 성모와 결합하지 않고 단독으로 쓰일 때 [i]는 모두 [y]로 표기합니다.

[예] ya, ye, yao, you, yan, yang, yin, yong, ying

• [iou]는 성모와 결합하면 [iu]로 표기합니다.

[예] j+iou=jiu

② [u]와 결합

ua	uo	uai	uei(ui)
우아	우어	우아이	우에이

uan	uen(un)	uang	ueng
우안	우언	우앙	우엉

• [u]와 결합하는 운모가 성모와 결합하지 않고 단독으로 쓰일 때 [u]는 모두 [w]로 표기합니다.

[예] wa, wo, wai, wei, wan, wen, wang, weng

• [uei]는 성모와 결합하면 [ui]으로 표기합니다.

[예] d+uei=dui

• [uen]는 성모와 결합하면 [un]으로 표기합니다.

[예] ch+uen=chun

③ [ü]와 결합

üe	üan	ün
위에	위엔	윈

• [ü]와 결합하는 운모가 성모와 결합하지 않고 단독으로 쓰일 때 [ü] 앞에 [y]를 붙이고 [ü]를 [u]로 표기합니다.

[예] yue, yuan, yun

• [ü]가 성모 [j], [q], [x] 뒤에 쓰일 때는 [u]로 표기합니다.

[예] j + ü = ju

3. 한어병음 표기의 주요 원칙

(1) 한어병음의 대문자와 소문자

① 하나의 단어는 음절 수와 관계없이 붙여 쓰며 알파벳 소문자로 표기합니다.

[예] **飞机** fēijī / **葡萄** pútáo

② 한어병음은 알파벳 소문자로 표기합니다. 단, 인명이나 지명과 같은 고유명사일 경우 첫 음절의 첫 번째 글자는 대문자로 표기합니다. 또한 문장 첫 음절의 첫 번째 글자 역시 대문자로 표기합니다.

[예] **北京** Běijīng / **我爱你**。Wǒ ài nǐ.

③ 인명을 표기할 때 성과 이름은 띄어쓰기를 하고 성과 이름의 첫 음절 첫 번째 글자는 대문자로 표기합니다.

[예] **陈道明** Chén Dàomíng

④ 음절이 2개 이상일 때 뒤 음절이 [a], [o], [e]로 시작하면 격음부호(')를 사용해 경계

를 나타냅니다.

[예] 首尔 Shǒu'ěr / 西安 Xī'ān

(2) 성조 표기

성조 표기는 모음 위에 합니다. 만약 모음이 2개 이상이면 주요 모음 위에 표기합니다. 주요 모음의 우선순위는 다음과 같습니다.

a > e, o > i, u, ü

① [a]가 있으면 [a] 위에 표기합니다.

[예] lǎo, piāo

② [a]가 없으면 [e]나 [o] 위에 표기합니다.

[예] mén, zhōng

③ [a], [e], [o]가 없으면 [i], [u], [ü] 위에 표기합니다. 그러나 [iu] 혹은 [ui]의 경우에는 모두 마지막 모음에 성조를 표기합니다.

[예] jiǔ, zuì

④ [i] 위에 성조를 표기할 경우 점은 생략합니다.

[예] yī, jì

4. 중국어의 성조 변화

중국어는 음절마다 고유의 성조가 있지만, 때로는 규칙적인 성조 변화가 일어나는 경우가 있습니다.

(1) 3성의 성조 변화

3성 뒤에 3성이 올 경우 앞의 3성은 2성으로 변합니다. 이때 성조는 원래대로 3성으로 표기합니다.

3성+3성 → 2성+3성

[예] 你好！Nǐ hǎo! → (읽을 때) Ní hǎo!

很好。Hěn hǎo. → (읽을 때) Hén hǎo.

3성 뒤에 1성 · 2성 · 4성 · 경성이 올 경우 앞의 3성은 '반3성'으로 발음하고 뒤 음절을 연결해서 발음합니다. '반3성'이란 3성의 앞부분(2도에서 1도로 내려가는 부분)만 소리내는 것을 말합니다.

3성+1성 · 2성 · 4성 · 경성 → 반3성+1성 · 2성 · 4성 · 경성

[예] 老师 lǎoshī / 草莓 cǎoméi / 景色 jǐngsè / 早上 zǎoshang

〈중국어의 반3성〉

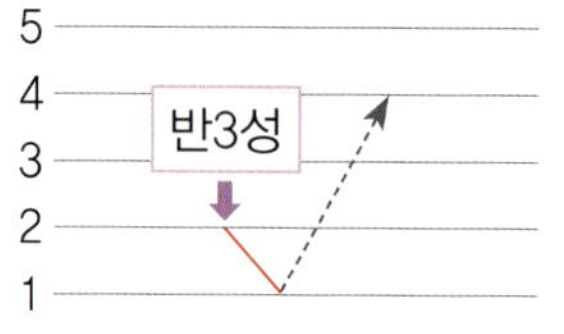

(2) '不'의 성조 변화

'不(bù)'는 원래 4성이지만 뒤에 오는 단어가 4성이면 2성으로 발음합니다. 이때 성조는 바뀐 성조로 표기합니다.

不 bù+4성 → 不 bú+4성

[예] 不见 bújiàn / 不谢 búxiè / 不是 búshì

不 bù+1성 · 2성 · 3성 → 不 bù+1성 · 2성 · 3성

[예] 不吃 bùchī / 不忙 bùmáng / 不好 bùhǎo

(3) '一'의 성조 변화

'一(yī)'는 원래 1성이지만 뒤에 오는 단어의 성조에 따라 각각 2성과 4성으로 발음합니다. 이때 성조는 바뀐 성조로 표기합니다. 단, '一'가 서수, 연도, 나이를 나타내거나 단독으로 쓰일 때는 원래대로 'yī'로 발음합니다.

一 yī+1성 · 2성 · 3성 → 一 yì+1성 · 2성 · 3성

[예] 一斤 yìjīn / 一时 yìshí / 一起 yìqǐ

一 yī+4성 → 一 yí+4성 · 경성

[예] 一样 yíyàng / 一个 yí ge

一 yī → 一 yī

[예] 第一课 dìyīkè / 1919年 yījiǔyījiǔ / 一岁 yīsuì

5. 중국어의 경성

중국어에는 1성 · 2성 · 3성 · 4성 외에 원래의 성조를 잃고 짧고 가볍게 발음하는 경성이 있습니다. 경성은 앞에 오는 성조에 따라 높낮이가 달라지며 성조를 표기하지 않습니다. 주로 북방 사람의 발음에 경성이 많습니다. 동일한 한자가 중첩으로 쓰일 때 두 번째 음절을 경성으로 발음하고 3개의 한자가 한 단어를 이룰 때 두 번째 음절이나 마지막 음절이 경성이 되는 경우가 많습니다.

[예] 妈妈 māma / 谢谢 xièxie / 对不起 duìbuqǐ / 没关系 méiguānxi

TIP

2021년 10월 4일 미국 보스턴에서 개최된 국제항공운송협회(IATA) 제77회 연례총회에서 중국어가 공식 언어로 추가 채택되었습니다. 중국어가 새롭게 추가되면서 IATA의 공식 언어는 영어, 프랑스어, 스페인어, 아랍어, 중국어 총 5개가 되었습니다. 이제 선택이 아닌 필수 언어가 된 중국어! 우리 함께 즐겁게 공부해 보아요!

연습문제

연습 0-1

1. 다음 발음을 듣고 알맞은 성모를 고르세요.

(1) ① b ② p ③ m ④ f

(2) ① d ② t ③ n ④ l

(3) ① g ② k ③ h ④ n

(4) ① j ② q ③ x ④ r

(5) ① z ② c ③ s ④ sh

(6) ① zh ② ch ③ sh ④ r

(7) ① zh ② z ③ c ④ ch

연습 0-2

2. 다음 발음을 듣고 알맞은 운모를 고르세요.

(1) ① a ② e ③ o ④ u

(2) ① ai ② ei ③ ao ④ ou

(3) ① an ② en ③ ang ④ ong

(4) ① ya ② ye ③ yin ④ ying

(5) ① wo ② wa ③ wang ④ wen

(6) ① yue ② yuan ③ yun ④ yan

(7) ① you ② yong ③ wei ④ weng

연습 0-3

3. 다음 발음을 듣고 알맞은 성조를 고르세요.

(1) ① nī ② ní ③ nǐ ④ nì

(2) ① dā ② dá ③ dǎ ④ dà

(3) ① zhī ② zhí ③ zhǐ ④ zhì

(4) ① jī ② jí ③ jǐ ④ jì

연습 0-4

4. 다음 발음을 듣고 알맞은 한어병음을 고르세요.

(1) ① bà ② dà ③ là ④ nà

(2) ① jù ② jī ③ qù ④ qì

(3) ① chī ② cí ③ shí ④ sǐ

(4) ① shìr ② shì ③ sì ④ chì

제1과

승객 탑승

학습목표 및 학습내용

1. 중국어로 탑승하는 승객에게 환영 인사를 할 수 있다.
2. 중국어로 탑승권 확인, 좌석 안내, 수하물 안전 보관을 지원할 수 있다.

본문 1-1

탑승구에서

您好!	안녕하십니까?
欢迎登机。	탑승을 환영합니다.
请您出示登机牌。	탑승권을 보여주십시오.
我可以看一下电子登机牌吗？	모바일 탑승권을 보여주시겠습니까?
您这边请。	이쪽으로 가십시오.
您那边请。	저쪽으로 가십시오.
请上楼。	위층으로 올라가십시오.
请走楼梯。	계단을 이용해 주십시오.

본문 1-2

담당 구역에서

请您跟我来。	제가 안내해 드리겠습니다.
您坐错了。您的座位在这边(那边)。	자리를 잘못 앉으신 것 같습니다. 손님 좌석은 이쪽(저쪽)입니다.
不好意思, 您可以让一下吗?	실례합니다. 잠시 옆쪽으로 서 주시겠습니까?
对不起, 今天没有多余的座位。	죄송합니다. 오늘 여유 좌석이 없습니다.

您的行李太大，客舱放不下。	수하물이 커서 기내 반입이 불가합니다.
我会跟地勤人员联系。	지상 직원에게 연락해 보겠습니다.
请稍等。	잠시만 기다려 주십시오.
谢谢。	감사합니다.
请放在行李架内。	선반 안에 놓아 주십시오.
请放在座椅下面。	좌석 아래에 놓아 주십시오.
行李不能放在过道。	수하물은 통로에 놓으실 수 없습니다.
为了安全，在紧急出口不能放行李。	안전을 위해 비상구에는 수하물을 두실 수 없습니다.

1 탑승 인사

您好! 안녕하십니까?
Nín hǎo!

'-다'와 '-까' 종결 어미는 서비스업에서 고객을 대할 때 널리 쓰이는 말투입니다. 따라서 본서의 번역문은 고객 응대를 고려한 '-다'와 '-까' 종결 어미를 사용합니다.

欢迎登机。 탑승을 환영합니다.
Huānyíng dēngjī.

단어와 구(词&短语)

您 nín 대 당신. '你'의 존댓말 | **好** hǎo 형 좋다 | **欢迎** huānyíng 동 환영하다 | **登机** dēngjī 동 탑승하다

2 탑승권 확인

请您出示登机牌。 탑승권을 보여주십시오.
Qǐng nín chūshì dēngjīpái.

我可以看一下电子登机牌吗? 모바일 탑승권을 보여주시겠습니까?
Wǒ kěyǐ kàn yíxià diànzǐ dēngjīpái ma?

단어와 구(词&短语)

请 qǐng 동 ~해주십시오. 상대방에게 공손하게 부탁할 때 쓰는 경어 | **出示** chūshì 동 제시하다 | **登机牌** dēngjīpái 명 탑승권 | **我** wǒ 대 나 | **可以** kěyǐ 조동 해도 좋다, 할 수 있다 | **看** kàn 동 보다 | **一下** yíxià 양 좀 ~하다 | **电子** diànzǐ 명 전자 | **电子登机牌** diànzǐ dēngjīpái 명 모바일 탑승권 | **吗** ma 조 문장의 맨 뒤에 위치해 의문문을 만드는 어기조사

3 좌석 안내

您这边请。
Nín zhèbiān qǐng.
이쪽으로 가십시오.

您那边请。
Nín nàbiān qǐng.
저쪽으로 가십시오.

请上楼。
Qǐng shànglóu.
위층으로 올라가십시오.

请走楼梯。
Qǐng zǒu lóutī.
계단을 이용해 주십시오.

请您跟我来。
Qǐng nín gēn wǒ lái.
제가 안내해 드리겠습니다.

您坐错了。
您的座位在这边(那边)。
Nín zuòcuò le.
Nín de zuòwèi zài zhèbiān(nàbiān).
자리를 잘못 앉으신 것 같습니다.
손님 좌석은 이쪽(저쪽)입니다.

不好意思, 您可以让一下吗？
Bùhǎoyìsi, nín kěyǐ ràng yíxià ma？
실례합니다. 잠시 옆쪽으로 서 주시겠습니까?

对不起, 今天没有多余的座位。
Duìbuqǐ, jīntiān méiyǒu duōyú de zuòwèi.
죄송합니다. 오늘 여유 좌석이 없습니다.

단어와 구(词&短语)

这边 zhèbiān 대 이쪽 | **那边** nàbiān 대 저쪽 | **上楼** shànglóu 동 올라가다 | **走** zǒu 동 걷다, 가다 | **楼梯** lóutī 명 계단 | **跟** gēn 동 따라가다 | **来** lái 동 오다 | **坐** zuò 동 앉다 | **错** cuò 동 틀리다 | **了** le 조 동작의 완료를 나타냄 | **的** de 조 ~의. 관형어 뒤에 붙는 구조조사 | **座位** zuòwèi 명 좌석 | **在** zài 동 ~에 있다 | **不好意思** bùhǎoyìsi 미안하다, 부끄럽다 | **让** ràng 동 양보하다 | **对不起** duìbuqǐ 미안하다 | **今天** jīntiān 명 오늘 | **没有** méiyǒu 동 없다 | **多余** duōyú 형 여분의

4 수하물 보관 안내

您的行李太大，客舱放不下。 수하물이 커서 기내 반입이 불가합니다.
Nín de xíngli tài dà, kècāng fàngbuxià.

我会跟地勤人员联系。 지상 직원에게 연락해 보겠습니다.
Wǒ huì gēn dìqín rényuán liánxì.

请稍等。 잠시만 기다려 주십시오.
Qǐng shāoděng.

谢谢。 감사합니다.
Xièxie.

请放在行李架内。 선반 안에 놓아 주십시오.
Qǐng fàngzài xínglǐjià nèi.

请放在座椅下面。 좌석 아래에 놓아 주십시오.
Qǐng fàngzài zuòyǐ xiàmiàn.

行李不能放在过道。 수하물은 통로에 놓으실 수 없습니다.
Xíngli bùnéng fàngzài guòdào.

为了安全，在紧急出口不能放行李。 안전을 위해 비상구에는 수하물을 두실 수 없습니다.
Wèile ānquán, zài jǐnjí chūkǒu bùnéng fàng xíngli.

단어와 구(词&短语)

行李 xíngli 명 수하물, 짐 | **太** tài 부 매우 | **大** dà 형 크다 | **客舱** kècāng 명 객실 | **放不下** fàngbuxià 놓을 수 없다 | **会** huì 조동 ~할 것이다. 가능성을 나타냄 | **跟** gēn 전 ~와 | **地勤人员** dìqín rényuán 명 지상 직원 | **联系** liánxì 동 연락하다 | **稍** shāo 부 잠시 | **等** děng 동 기다리다 | **谢谢** xièxie 동 감사하다 | **放在** fàngzài ~에 놓다 | **行李架** xínglǐjià 명 수하물 선반, 오버헤드 빈 | **内** nèi 명 안, 내부 | **座椅** zuòyǐ 명 좌석, 의자 | **下面** xiàmiàn 명 아래쪽 | **不能** bùnéng 조동 ~할 수 없다 | **过道** guòdào 명 통로 | **为了** wèile 전 ~을/를 위하여 | **安全** ānquán 명 안전 | **在** zài 전 ~에서 | **紧急出口** jǐnjí chūkǒu 명 비상구 | **放** fàng 동 놓다

TIP 객실 시설 명칭

한국어	중국어	한국어	중국어
승객 좌석	**旅客座椅** lǚkè zuòyǐ	승무원 좌석	**乘务员座椅** chéngwùyuán zuòyǐ
선반	**行李架** xínglijià	주방	**厨房** chúfáng
화장실	**洗手间** xǐshǒujiān	옷장	**衣帽间** yīmàojiān
승객 서비스 설비	**旅客服务组件** lǚkè fúwù zǔjiàn	승무원 벙크	**空乘卧铺** kōngchéng wòpù

학습 포인트

1) 인사말 '您好'

형용사 '好'는 '좋다'라는 뜻으로 인사말에서는 '안녕하다'의 의미를 지닙니다.

기본 문형: 인칭대명사/사람 명사 + 好

[예] **你好!** (인칭대명사 + **好**) 안녕하세요?
Nǐ hǎo!

大家好! (사람 명사 + **好**) 여러분, 안녕하세요?
Dàjiā hǎo!

보충 단어 **大家** dàjiā 대 여러분

중국어 인칭대명사

	단수	복수
1인칭	**我** wǒ 나	**我们** wǒmen 우리들
2인칭	**你** nǐ 너 **您** nín 당신	**你们** nǐmen 너희들
3인칭	**他** tā 그	**他们** tāmen 그들
	她 tā 그녀	**她们** tāmen 그녀들
	它 tā 그것	**它们** tāmen 그것들

2) 시간대 인사법

중국어는 '你好!'외에도 아침, 점심, 오후, 저녁 시간대에 따라 다양한 인사법이 있습니다.

시간대	안녕하세요?
아침	**早上好!** Zǎoshang hǎo!
점심	**中午好!** Zhōngwǔ hǎo!

오후	**下午好!** Xiàwǔ hǎo!
저녁	**晚上好!** Wǎnshang hǎo!

보충 단어 **早上** zǎoshang 명 아침 | **中午** zhōngwǔ 명 점심 | **下午** xiàwǔ 명 오후 | **晚上** wǎnshang 명 저녁

3) 환영 인사 '欢迎'

'欢迎'은 '환영하다'라는 뜻으로 손님을 맞이할 때 자주 쓰는 표현입니다.

[예] 欢迎**光临**。 어서 오십시오.
Huānyíng guānglín.

보충 단어 **光临** guānglín 동 왕림하다

4) 청유문 '请'

상대방에게 무슨 일을 정중하게 부탁할 때 문장 맨 앞에 '~을/를 해주십시오'에 해당하는 '请'을 붙여 말합니다. 중국어는 한국어처럼 존댓말이 많이 발달한 언어는 아니지만, '您'이나 '请'과 같은 특정 단어를 사용해 존대를 나타낼 수 있습니다.

[예] 请**坐**。 앉으십시오.
Qǐng zuò.

请**进**。 들어오십시오.
Qǐng jìn.

보충 단어 **坐** zuò 동 앉다 | **进** jìn 동 나아가다, 들어가다

단, '您这边请'처럼 길이나 좌석을 안내할 때 '请'이 방향명사 뒤에 올 때는 '(지칭하는 방향으로) 드시지요'의 뜻을 지닙니다.

5) 조동사 '可以'

조동사 '可以'는 '해도 된다', '할 수 있다'의 뜻으로 허락이나 가능을 나타냅니다. '可以'가 의문문에서 쓰일 경우 상대방의 허가나 동의를 구하려는 의도를 나타냅니다.

[예] 您可以坐。 (허락) 앉으셔도 됩니다.
Nín kěyǐ zuò.

我可以坐吗? (동의) 앉아도 되겠습니까?
Wǒ kěyǐ zuò ma?

6) 동사/전치사 '在'

'您的座位在这边'에서 '在'는 동사로 '(~에) 있다'의 뜻입니다. 그러나 '在紧急出口不能放行李'에서 '在'는 전치사로 '~에서'의 뜻입니다. 전치사는 명사와 대명사 앞, 동사 뒤에 위치해 동작이나 성질과 관련된 시간 · 장소 · 방식 · 범위 · 수단 · 원인 등을 나타내며 '개사(介词 · jiècí)'라고도 합니다.

[예] 行李在货舱。 (동사) 수하물은 화물칸에 있다.
Xíngli zài huòcāng.

在货舱保管。 (전치사) 화물칸에서 보관하다.
Zài huòcāng bǎoguǎn.

放在过道。 (동사 뒤) 통로에 놓다.
Fàngzài guòdào.

보충 단어 货舱 huòcāng 명 화물칸 | 保管 bǎoguǎn 동 보관하다

7) '对不起'와 '不好意思'의 차이

'对不起'가 정식으로 사과를 하는 표현이라면 '不好意思'는 겸연쩍거나 실례가 되는 상황에서 조금 가벼운 사과의 표현입니다. 만약 기내의 좁은 통로에서 상대방에게 잠시 양보를 구해야 하는 상황이라면 '对不起'가 아닌 '실례합니다'에 가까운 '不好意思'라고 말하는 것이 적절합니다.

8) 관용적 인사 표현

A: **谢谢**!　　감사합니다.
Xièxie!

B: **不客气**。　　별말씀을요.
Bú kèqi.

보충 단어 **不** bù 부 ~이/가 아니다 | **客气** kèqi 형 정중하다

A: **对不起**。　　죄송합니다.
Duìbuqǐ.

B: **没关系**。　　괜찮습니다.
Méi guānxi.

보충 단어 **没关系** méi guānxi 괜찮다, 상관없다

연습문제

1. 녹음을 듣고 알맞은 대화문을 연결하세요. 연습 1

(1) ■	■ 好的。
(2) ■	■ 不客气。
(3) ■	■ 谢谢。
(4) ■	■ 你好！
(5) ■	■ 没关系。

보충 단어 **好的** Hǎo de 좋습니다, 알겠습니다

2. 다음 상황에 맞게 대화문을 완성하세요.

(1) 早上好！

(안녕하십니까?)

________________________ ！

(안녕하세요?)

(2) ________________________ 。

(감사합니다.)

不客气。

(별말씀을요.)

(3) ____________________ 。

(죄송합니다.)

没关系。

(괜찮습니다.)

(4) ____________________ 。

(이쪽으로 가십시오.)

好的。

(알겠습니다.)

3. 다음 제시된 단어를 어순에 맞게 배열하세요.

(1) 等 / 稍 / 请 / 。

(잠시만 기다려 주십시오.)

▶ ____________________

(2) 走 / 请 / 楼梯 / 。

(계단을 이용해 주십시오.)

▶ ____________________

(3) 座位 / 您 / 这边 / 的 / 在 / 。

(손님 좌석은 이쪽입니다.)

▶ ____________________

(4) 内 / 请 / 行李架 / 放在 / 。

(선반 안에 놓아주십시오.)

▶ ______________________________

4. 다음 한국어를 참고하여 다양한 문장을 만들어 보세요.

(1) 안녕하세요?

[ ] + 好！(안녕하세요?)

[ ] + 好！(아침/안녕하세요?)

[ ] + 好！(여러분 안녕하세요?)

(2) ~을/를 환영합니다.

欢迎 + [ ] 。(당신을 환영합니다.)

欢迎 + [ ] 。(탑승을 환영합니다.)

欢迎 + [ ] 。(어서오세요.)

항공상식

여객기 객실 구성

항공기 기내는 캐빈 혹은 객실이라고 칭하며 항공기 객실은 기종에 따라 몇 개의 구역(zone)으로 나뉩니다. 이 구역은 일반적으로 비상 상황 시에 사용하는 비상구(exit door)인 문(door)과 문 사이를 두고 구분하며 객실승무원의 근무 구역을 설정하는 기준이 되기도 합니다.

객실 시설은 크게 승객 좌석(passenger seat), 승무원 좌석(jump seat), 선반(overhead bin), 주방(galley), 화장실(lavatory), 옷장(coat room), 승객 서비스 설비(passenger service unit), 승무원 벙크(crew bunk)로 구성됩니다.

승무원 좌석

주방

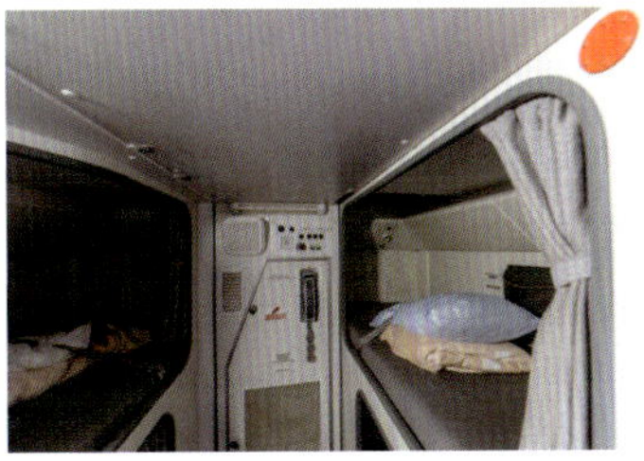
벙크

여객기 객실 서비스 등급

객실 서비스 등급은 항공사에 따라 그 명칭을 다양하게 정의하고 있습니다. 일반적으로 일등석(first class), 비즈니스석(business class), 일반석(economy class)으로 구분됩니다. 그러나 저가항공사의 경우 탑승수속시간 단축 및 경비 절감을 위해 단일 등급으로 운영하기도 합니다.

일등석

비즈니스석

일반석

제2과
특별 승객 안내

학습목표 및 학습내용

1. 중국어로 특별 승객의 탑승을 지원할 수 있다.
2. 중국어로 특별식 요청 승객을 확인할 수 있다.

본문 2-1

유·소아 동반 승객

您好! 我是为您服务的客舱乘务员。	안녕하십니까? 담당 객실승무원입니다.
您申请了婴儿摇篮吗?	손님, 아기 바구니 신청하셨습니까?
请问, 宝宝的身高和体重是多少?	아기의 키와 몸무게를 말씀해 주시겠습니까?
宝宝的身高过高, 不能用婴儿摇篮。	아기의 키가 너무 커서 아기 바구니 사용이 어렵습니다.
起飞后, 给您安装婴儿摇篮。	이륙 후 아기 바구니를 설치해 드리겠습니다.
婴儿尿布台在洗手间里。	기저귀 교환대는 화장실 안에 있습니다.
飞机颠簸时, 请您抱好宝宝。	비행기가 흔들릴 때 아기를 안아 주십시오.
请您先系好安全带后, 再抱好孩子。	좌석벨트를 먼저 매신 후 아이를 안아 주십시오.
这是给小朋友的礼物。	어린이 탑승기념 선물입니다.

본문 2-2

휠체어/도움이 필요한 승객

离您的座位最近的洗手间在这边。	손님의 좌석에서 가장 가까운 화장실은 이쪽입니다.
如果需要帮忙，请按呼唤铃。	도움이 필요하시면 호출 버튼을 눌러 주십시오.
机内有轮椅。 如果您需要，请随时联系我。	기내에 휠체어가 있습니다. 필요하시면 언제든지 말씀해 주십시오.
如果想换座位， 请您联系我们乘务员。	좌석을 옮기실 경우 저희 승무원에게 말씀해 주십시오.
下飞机时，我会来帮您。	내리실 때 제가 도와드리겠습니다.
我来帮您前，请在座位上稍等。	제가 도와드릴 때까지 자리에서 잠시 기다려 주십시오.

본문 2-3

특별식 요청 승객

您预定了儿童餐吗？	어린이 식사 예약하셨습니까?
请问，您贵姓？	실례지만, 손님 성함을 말씀해 주시겠습니까?
谢谢您的确认。	확인 감사합니다.
起飞后，将优先为您提供特殊餐食。	이륙 후 손님의 특별식을 먼저 가져다 드리겠습니다.

1 유·소아 동반 승객

您好! 我是为您服务的客舱乘务员。 안녕하십니까? 담당 객실승무원입니다.

Nín hǎo! Wǒ shì wèi nín fúwù de kècāng chéngwùyuán.

您申请了婴儿摇篮吗? 손님, 아기 바구니 신청하셨습니까?

Nín shēnqǐng le yīng'ér yáolán ma?

请问, 宝宝的身高和体重是多少? 아기의 키와 몸무게를 말씀해 주시겠습니까?

Qǐngwèn, bǎobao de shēngāo hé tǐzhòng shì duōshao?

宝宝的身高过高,
不能用婴儿摇篮。 아기의 키가 너무 커서
아기 바구니 사용이 어렵습니다.

Bǎobao de shēngāo guò gāo,
bùnéng yòng yīng'ér yáolán.

起飞后, 给您安装婴儿摇篮。 이륙 후 아기 바구니를 설치해 드리겠습니다.

Qǐfēi hòu, gěi nín ānzhuāng yīng'ér yáolán.

婴儿尿布台在洗手间里。 기저귀 교환대는 화장실 안에 있습니다.

Yīng'ér niàobùtái zài xǐshǒujiān lǐ.

飞机颠簸时, 请您抱好宝宝。 비행기가 흔들릴 때 아기를 안아 주십시오.

Fēijī diānbǒ shí, qǐng nín bàohǎo bǎobao.

请您先系好安全带后, 再抱好孩子。 좌석벨트를 먼저 매신 후 아이를 안아 주십시오.

Qǐng nín xiān jìhǎo ānquándài hòu, zài bàohǎo háizi.

这是给小朋友的礼物。 어린이 탑승기념 선물입니다.

Zhè shì gěi xiǎopéngyou de lǐwù.

단어와 구(词&短语)

是 shì 동 ~이다 | **为** wèi 전 ~을/를 위하여 | **服务** fúwù 명 서비스 동 서비스하다 | **乘务员** chéngwùyuán 명 승무원 | **申请** shēnqǐng 명 신청 동 신청하다 | **婴儿摇篮** yīng'ér yáolán 명 아기 바구니, 베시넷 | **请问** qǐng wèn 말씀 좀 여쭙겠습니다 | **宝宝** bǎobao 명 아기 | **身高** shēngāo 명 키, 신장 | **和** hé 접 ~와/과 | **体重** tǐzhòng 명 몸무게, 체중 | **多少** duōshao 대 얼마 | **过** guò 부 너무 | **高** gāo 형 높다 | **重** zhòng 형 무겁다 | **用** yòng 동 사용하다 | **起飞** qǐfēi 동 이륙하다 | **后** hòu 명 뒤, 후 | **给** gěi 동 주다 전 ~에게 **安装** ānzhuāng 동 설치하다 | **尿布台** niàobùtái 명 기저귀 교환대 | **洗手间** xǐshǒujiān 명 화장실 | **里** lǐ 명 안, 속 | **飞机** fēijī 명 비행기 | **颠簸** diānbǒ 동 흔들리다 | **时** shí 명 때 | **抱** bào 동 안다 | **好** hǎo 동사 뒤에서 동작이 성공적으로 완료되었음을 나타냄 | **先** xiān 부 먼저 | **系** jì 동 (끈 · 벨트 등을) 매다 | **安全带** ānquándài 명 좌석벨트, 안전벨트 | **再** zài 부 또, 다시 | **孩子** háizi 명 아이 | **这** zhè 대 이, 이것 | **小朋友** xiǎopéngyou 명 꼬마 친구 | **礼物** lǐwù 명 선물

2 휠체어/도움이 필요한 승객

离您的座位最近的洗手间在这边。 손님의 좌석에서 가장 가까운 화장실은 이쪽입니다.
Lí nín de zuòwèi zuì jìn de xǐshǒujiān zài zhèbiān.

如果需要帮忙，请按呼唤铃。 도움이 필요하시면 호출 버튼을 눌러 주십시오.
Rúguǒ xūyào bāngmáng, qǐng àn hūhuànlíng.

机内有轮椅。 기내에 휠체어가 있습니다.
如果您需要，请随时联系我。 필요하시면 언제든지 말씀해 주십시오.
Jīnèi yǒu lúnyǐ.
Rúguǒ nín xūyào, qǐng suíshí liánxì wǒ.

如果想换座位， 좌석을 옮기실 경우
请您联系我们乘务员。 저희 승무원에게 말씀해 주십시오.
Rúguǒ xiǎng huàn zuòwèi,
qǐng nín liánxì wǒmen chéngwùyuán.

下飞机时，我会来帮您。 내리실 때 제가 도와드리겠습니다.
Xià fēijī shí, wǒ huì lái bāng nín.

我来帮您前，请在座位上稍等。 제가 도와드릴 때까지 자리에서 잠시 기다려 주십시오.

Wǒ lái bāng nín qián, qǐng zài zuòwèi shang shāoděng.

단어와 구(词&短语)

离 lí 전 ~로부터 | **最** zuì 부 제일 | **近** jìn 형 가깝다 | **如果** rúguǒ 접 만약 | **需要** xūyào 명 필요 동 필요로 하다 | **帮忙** bāngmáng 동 돕다 | **按** àn 동 누르다 | **呼唤铃** hūhuànlíng 명 호출 버튼 | **机内** jīnèi 명 기내 | **有** yǒu 동 있다 | **轮椅** lúnyǐ 명 휠체어 | **随时** suíshí 부 언제나, 즉시 | **想** xiǎng 조동 ~하려 하다 | **换** huàn 동 바꾸다 | **我们** wǒmen 대 우리들 | **下飞机** xià fēijī 동 하기하다 | **帮** bāng 동 돕다 | **前** qián 명 앞, 전 | **上** shàng 명 위

3 특별식 요청 승객

您预定了儿童餐吗？ 어린이 식사 예약하셨습니까?

Nín yùdìng le értóngcān ma？

请问，您贵姓？ 실례지만, 손님 성함을 말씀해 주시겠습니까?

Qǐng wèn, nín guì xìng？

谢谢您的确认。 확인 감사합니다.

Xièxie nín de quèrèn.

起飞后，将优先为您提供特殊餐食。 이륙 후 손님의 특별식을 먼저 가져다 드리겠습니다.

Qǐfēi hòu, jiāng yōuxiān wèi nín tígōng tèshū cānshí.

단어와 구(词&短语)

预定 yùdìng 동 예약하다 | **儿童餐** értóngcān 명 어린이 특별식, 차일드 밀 | **贵** guì 형 귀하다 | **姓** xìng 동 성이 ~이다 | **确认** quèrèn 명 확인 동 확인하다 | **将** jiāng 부 ~할 것이다 | **优先** yōuxiān 부 우선적으로 | **提供** tígōng 동 제공하다 | **特殊餐食** tèshū cānshí 명 특별식

TIP 중국을 대표하는 항공사

2021년 현재, 중국 국적의 항공사는 총 52개에 달합니다. 그중 중국을 대표하는 항공사로는 중국국제항공(中国国际航空 · Zhōngguó guójì hángkōng), 중국남방항공(中国南方航空 · Zhōngguó nánfāng hángkōng), 중국동방항공(中国东方航空 · Zhōngguó dōngfāng hángkōng)이 있습니다. 이들 항공사는 줄여서 각각 '国航(guóháng)', '南航(nánháng)', '东航(dōng háng)'이라고 하며 모두 국유기업입니다. 그밖에 더 많은 항공사 정보는 부록을 참고하세요.

학습 포인트

1) 동사 '是'

동사 '是'는 '~이다'라는 뜻으로 주어와 목적어의 관계를 설명해 줍니다. 부정 형식은 '不是'를 씁니다.

[예] 我是乘务员。 저는 승무원입니다.
Wǒ shì chéngwùyuán.

我不是中国人。 저는 중국인이 아닙니다.
Wǒ búshì Zhōngguórén.

보충 단어 中国人 Zhōngguórén 명 중국인

2) 상투어 '请问'

공손하게 질문을 하고자 할 때 한국어로 '말씀 좀 여쭙겠습니다'라는 표현이 있습니다. 이에 해당하는 중국어 표현이 '请问'입니다. 문장의 맨 앞에 위치해 상대방의 주의를 끌며 정중함을 나타냅니다.

[예] 请问，洗手间在哪里？ 실례지만 화장실이 어디에 있나요?
Qǐng wèn, xǐshǒujiān zài nǎlǐ?

보충 단어 哪里 nǎlǐ 대 어디

3) 동사/전치사 '给'

'给'는 동사 '주다'와 전치사 '~에게/~을(를) 위해'라는 뜻을 지닙니다.

동사 '给'의 기본 문형: 주어 + 给 + 간접목적어(사람) + 직접목적어(사물)

전치사 '给'의 기본 문형: 给 + 동작의 수혜대상 + 동사구

[예] 我给您登机牌。 (동사) 탑승권을 드립니다.
Wǒ gěi nín dēngjīpái.

我给您安装婴儿摇篮。 (전치사) 아기 바구니를 설치해 드리겠습니다.
Wǒ gěi nín ānzhuāng yīng'ér yáolán.

4) 지시대명사 '这'와 '那'

지시대명사 '这'는 '이', '이곳'이라는 뜻으로 가까운 사람 · 사물 · 장소 등을 지칭합니다. '那'는 '저', '저곳'이라는 뜻으로 멀리 있는 사람 · 사물 · 장소 등을 지칭합니다.

[예] 这位乘务员 — 이 승무원
zhè wèi chéngwùyuán

这是您的座位。 — 여기가 손님의 좌석입니다.
Zhè shì nín de zuòwèi.

지시대명사와 방향 표시

이, 이것 这 zhè	저, 저것 那 nà	어느 哪 nǎ
이쪽 这边 zhèbiān	저쪽 那边 nàbiān	어느 쪽 哪边 nǎbiān
여기 这儿 zhèr 这里 zhèlǐ	저기 那儿 nàr 那里 nàlǐ	어디 哪儿 nǎr 哪里 nǎlǐ

5) 가정문 '如果'

접속사 '如果'는 '만약', '만일'이라는 뜻으로 문장의 맨 앞에서 가정을 나타냅니다.

[예] 如果宝宝的体重过重，不能用婴儿摇篮。 — 만약 아기의 체중이 초과하면 바구니를 사용할 수 없습니다.
Rúguǒ bǎobao de tǐzhòng guò zhòng, bùnéng yòng yīng'ér yáolán.

보충 단어 高 gāo 형 높다

6) 동격 '我们乘务员'

'我们乘务员'은 '우리(저희) 승무원'이라는 뜻으로 동격 관계입니다. '동격'이란 문장 속에서 단어나 구가 같은 기능을 하며 동일한 것을 지칭하는 것을 일컫습니다. '请随时联系我们乘务员'은 '请随时联系我们' 혹은 '请随时联系乘务员'으로 말할 수도 있습니다. 그러나 '我们乘务员'이라고 말하면 '우리'가 지칭하는 것이 누구인지 더 확실한 정보를 주면서도 '우리'라는 표현을 통해 친근한 느낌을 줍니다.

7) 동사 '来'

'来'의 가장 대표적인 용법은 동사 '오다'입니다. 그러나 구어체에서 동사 앞에 오는 것을 자주 볼 수 있는데 이 경우 어떤 동작이나 행위를 하려는 것을 나타냅니다.

[예] **我来帮您。** 제가 도와드리겠습니다.
Wǒ lái bāng nín.

我来安装一下。 제가 설치해 보겠습니다.
Wǒ lái ānzhuāng yíxià.

8) 존댓말 '您贵姓'

'您贵姓?'은 서비스업 종사자가 고객의 성명을 물을 때 쓰는 존칭 표현입니다. 성만 답하기도 하고 성과 이름을 모두 답하기도 합니다.

A: 您贵姓? 성함이 어떻게 되십니까?
Nín guì xìng?

B: **我姓丁。** 정가입니다.
Wǒ xìng Dīng.

B: **我叫丁海寅。** 저는 정해인이라고 합니다.
Wǒ jiào Dīng Hǎiyín.

보충 단어 **叫** jiào 동 ~(이)라고 부르다

탑승 전 특별 요청이 있는 승객의 이름을 확인할 때 '请问, 您是○○○先生吗? (Qǐngwèn, nín shì ○○○ xiānsheng ma?)'와 같이 전체 성명을 확인하기도 합니다.

보충 단어 **先生** xiānsheng 명 (성인 남성에 대한 존칭) 선생, 씨

9) 특별식 종류와 명칭

특별식 요청을 한 승객이 있는 경우 승무원은 해당 승객의 성명과 예약한 특별식 종류를 확인합니다. 기본적인 특별식 명칭을 익혀 응용 연습을 해봅시다.

특별 기내식 명칭

기내식	飞机餐 fēijīcān	특별식	特殊餐食 tèshū cānshí
유아식	婴儿餐 yīng'ércān	야채식	素食餐 sùshícān
유대인식	犹太餐 yóutàicān	무슬림식	穆斯林餐 mùsīlíncān
힌두교식	印度教餐 yìndùjiāocān	무자극성식	清淡餐 qīngdàncān
당뇨식	糖尿病餐 tángniàobìngcān	저열량식	低热能餐 dīrènéngcān

연습문제

1. 녹음을 듣고 알맞은 대화문을 연결하세요. 연습 2

(1) ■ ■ 谢谢。

(2) ■ ■ 不客气。

(3) ■ ■ 我姓丁，叫丁海寅。

(4) ■ ■ 是的，我申请了。

(5) ■ ■ 好的。

보충 단어 **是的** shìde 그렇습니다

2. 다음 상황에 맞게 대화문을 완성하세요.

(1) ______________________。

(제가 아기 바구니를 설치해 드리겠습니다.)

好的，谢谢。

(네, 감사합니다.)

(2) ______________________。

(아이를 안아 주십시오.)

好的。

(네.)

(3) 您贵姓？

(성함이 어떻게 되십니까?)

______________________ 。

(저는 ○○○라고 합니다.)

(4) ______________________ 。

(어린이 식사 예약하셨습니까?)

是的。

(네.)

3. 다음 제시된 단어를 어순에 맞게 배열하세요.

(1) 有 / 轮椅 / 机内 / 。

(기내에 휠체어가 있습니다.)

▶ ______________________

(2) 按 / 请 / 呼唤铃 / 。

(호출 버튼을 눌러 주십시오.)

▶ ______________________

(3) 稍等 / 上 / 请 / 在 / 座位 / 。

(자리에서 잠시 기다려 주십시오.)

▶ ______________________

(4) 是 / 这 / 小朋友 / 给 / 礼物 / 的 / 。

(어린이 탑승기념 선물입니다.)

▶ ______________________

4. **다음 한국어를 참고하여 다양한 문장을 만들어 보세요.**

(1) ~에게 감사합니다.

谢谢 + [ ]。(상대방에게/감사합니다.)

谢谢 + [ ]。(꼬마 친구에게/감사합니다.)

谢谢 + [ ]。(여러분 감사합니다.)

(2) 저는 ~입니다.

我是 + [ ]。(저는 승무원입니다.)

我是 + [ ]。(저는 어린이입니다.)

我是 + [ ]。(저는 ○○○입니다.)　※ 자신의 이름을 넣어 연습하세요.

항공상식

유 · 소아 승객의 올바른 탑승법

항공사에서 만 2세 미만 승객은 영아(infant · 인펀트), 만 2~12세 미만 승객은 아동(child · 차일드)으로 구분합니다. 영아의 경우 아기 바구니(베시넷)가 제공되거나 보호자가 안고 한 좌석에 탑승하고, 아동의 경우 혼자서 좌석에 앉아 여행해야 합니다. 사실 취학 연령 아동의 경우 단독 착석이 쉽지만, 미취학 아동의 경우 보호자가 안고 타려고 하기 때문에 안전한 여행을 위해서 각별한 안내가 필요합니다.

어린이 승객 호칭법

중국어의 '小朋友'는 어린아이를 부르는 일종의 애칭으로 '꼬마 친구'의 뜻에 해당합니다. 유의해야 할 것은 중국 항공사 내에서는 아이에 대한 호칭으로 '小朋友'라는 표현을 쓸 수 있지만, 한국 항공사에서는 유아 승객도 성인과 똑같이 '손님'이라고 말하고 응대해야 한다는 점입니다. 한국과 중국의 승객 호칭 화법의 차이를 기억하도록 합니다.

베시넷

유아 안전벨트

제3과
지상 서비스

학습목표 및 학습내용

1. 중국어로 지상에서 기내 편의용품을 제공할 수 있다.
2. 중국어로 시간 및 시차를 안내할 수 있다.

본문 3-1

신문 서비스

很抱歉，您要的报纸已经没有了。	죄송합니다. 요청하신 신문은 모두 제공되었습니다.
很抱歉，没有中文报纸。	죄송합니다. 중국어 신문은 없습니다.
这个报纸可以吗？	이 신문 괜찮으십니까?
我确认一下有没有其他报纸。	다른 신문이 있는지 확인해 보겠습니다.
今天是节假日，报社不提供报纸。	오늘은 공휴일인 관계로 신문사에서 신문을 제공하지 않습니다.

본문 3-2

편의용품 서비스

您好，(这是)您的洗漱包。	손님, 편의용품 드리겠습니다.
给您。	여기 있습니다.
您有什么需要吗？	무엇이 필요하십니까?
我马上拿给您。	바로 가져다 드리겠습니다.
这里面有拖鞋(袜子)、牙刷和牙膏。	슬리퍼(양말)와 칫솔, 치약이 들어 있습니다.
很抱歉，此次航班不提供洗漱包。	죄송합니다만 이 항공편은 편의용품을 제공하지 않습니다.

본문 3-3

헤드폰 서비스

您好, (这是)您的耳机。	손님, 헤드폰 드리겠습니다.
请稍等, 给您换耳机。	잠시만 기다려 주십시오. 헤드폰을 바꿔 드리겠습니다.

본문 3-4

시간 및 시차 안내

飞行时间为3个小时30分钟。	비행시간은 3시간 30분입니다.
中国与韩国有一个小时的时差。	중국과 한국은 1시간의 시간차가 있습니다.
北京时间比首尔晚一个小时。	베이징은 서울보다 1시간 늦습니다.
现在上海时间为下午两点。	상하이의 현재 시간은 오후 2시입니다.

1 신문 서비스

很抱歉，您要的报纸已经没有了。
Hěn bàoqiàn, nín yào de bàozhǐ yǐjīng méiyǒu le.
죄송합니다. 요청하신 신문은 모두 제공되었습니다.

很抱歉，没有中文报纸。
Hěn bàoqiàn, méiyǒu Zhōngwén bàozhǐ.
죄송합니다. 중국어 신문은 없습니다.

这个报纸可以吗？
Zhè ge bàozhǐ kěyǐ ma?
이 신문 괜찮으십니까?

我确认一下有没有其他报纸。
Wǒ quèrèn yíxià yǒuméiyǒu qítā bàozhǐ.
다른 신문이 있는지 확인해 보겠습니다.

今天是节假日，报社不提供报纸。
Jīntiān shì jiéjiàrì, bàoshè bù tígōng bàozhǐ.
오늘은 공휴일인 관계로 신문사에서 신문을 제공하지 않습니다.

단어와 구(词&短语)

很 hěn 부 매우 | **抱歉** bàoqiàn 동 죄송하다 | **要** yào 동 원하다 조동 ~해야 한다 | **报纸** bàozhǐ 명 신문
已经 yǐjīng 부 이미 | **中文** Zhōngwén 명 중국어 | **这个** zhège 이것 | **有没有** yǒuméiyǒu 있는지 없는지
其他 qítā 명 기타 | **节假日** jiéjiàrì 명 공휴일 | **报社** bàoshè 명 신문사 | **不** bù 부 ~이/가 아니다

2 편의용품 서비스

您好，(这是)您的洗漱包。
Nín hǎo, (zhè shì) nín de xǐshùbāo.
손님, 편의용품 드리겠습니다.

给您。
Gěi nín.
여기 있습니다.

您有什么需要吗？
Nín yǒu shénme xūyào ma？
무엇이 필요하십니까?

我马上拿给您。
Wǒ mǎshàng ná gěi nín.
바로 가져다 드리겠습니다.

这里面有拖鞋(袜子)、牙刷和牙膏。
Zhè lǐmiàn yǒu tuōxié(wàzi)，yáshuā hé yágāo.
슬리퍼(양말)와 칫솔, 치약이 들어 있습니다.

很抱歉，此次航班不提供洗漱包。
Hěn bàoqiàn, cǐcì hángbān bù tígōng xǐshùbāo.
죄송합니다만 이 항공편은 편의용품을 제공하지 않습니다.

단어와 구(词&短语)

洗漱包 xǐshùbāo 명 세면 파우치, 편의용품 | **什么** shénme 대 무엇 | **马上** mǎshàng 부 바로 | **拿** ná 동 들다 | **里面** lǐmiàn 명 안, 안쪽 | **拖鞋** tuōxié 명 슬리퍼 | **袜子** wàzi 명 양말 | **牙刷** yáshuā 명 칫솔 | **牙膏** yágāo 명 치약 | **此次** cǐcì 명 이번 | **航班** hángbān 명 항공편

3 헤드폰 서비스

您好，这是您的耳机。
Nín hǎo, (zhè shì) nín de ěrjī.

손님, 헤드폰 드리겠습니다.

请稍等，给您换耳机。
Qǐng shāoděng, gěi nín huàn ěrjī.

잠시만 기다려 주십시오.
헤드폰을 바꿔 드리겠습니다.

단어와 구(词&短语)

耳机 ěrjī 명 헤드폰, 이어폰

4 시간 및 시차 안내

飞行时间为3个小时30分钟。
Fēixíng shíjiān wéi sān ge xiǎoshí sānshí fēnzhōng.

비행시간은 3시간 30분입니다.

中国与韩国有一个小时的时差。
Zhōngguó yǔ Hánguó yǒu yí ge xiǎoshí de shíchā.

중국과 한국은 1시간의 시간차가 있습니다.

北京时间比首尔晚一个小时。
Běijīng shíjiān bǐ Shǒu'ěr wǎn yí ge xiǎoshí.

베이징은 서울보다 1시간 늦습니다.

现在上海时间为下午两点。
Xiànzài Shànghǎi shíjiān wéi xiàwǔ liǎngdiǎn.

상하이의 현재 시간은 오후 2시입니다.

단어와 구(词&短语)

飞行 fēixíng 명 비행 동 비행하다 | **时间** shíjiān 명 시간 | **为** wéi 동 ~이다. '是'의 문어체 | **(个)小时** (ge) xiǎoshí 명 시간. '个'를 생략하고 '小时'만 쓸 수 있음 | **分钟** fēnzhōng 명 분. '钟'을 생략하고 '分'만 쓸 수 있음 | **中国** Zhōngguó 고유 중국 | **与** yǔ 접 ~와/과 | **韩国** Hánguó 고유 한국 | **时差** shíchā 명 시차 | **北京** Běijīng 고유 베이징 | **比** bǐ 전 ~보다. 다른 대상과 비교할 때 쓰는 표현 | **首尔** Shǒu'ěr 고유 서울 | **晚** wǎn 형 늦다 | **现在** xiànzài 명 현재 | **上海** Shànghǎi 고유 상하이 | **下午** xiàwǔ 명 오후 | **两** liǎng 수 2, 둘 | **点** diǎn 명 시

TIP 중국인의 손가락 숫자 소통법

중국어 숫자 1~10은 중국어 성조 1~4성이 모두 들어가 있어 성조 연습을 하기에 매우 좋습니다. 발음이 능숙해질 때까지 연습해 보세요. 그리고 중국인은 숫자를 말할 때 손가락으로 나타내기도 하는데 그 표현법이 한국인과는 다소 다릅니다. 원활한 소통을 위해 중국인의 손가락 숫자 소통법도 함께 익혀 보세요.

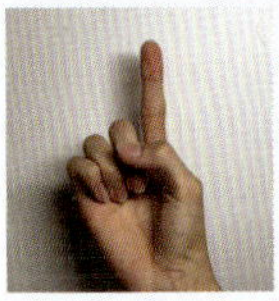

1
一 / yī

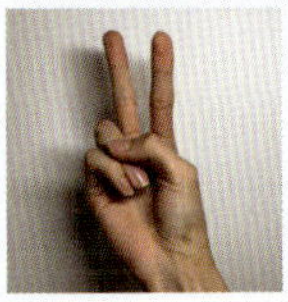

2
二 / èr

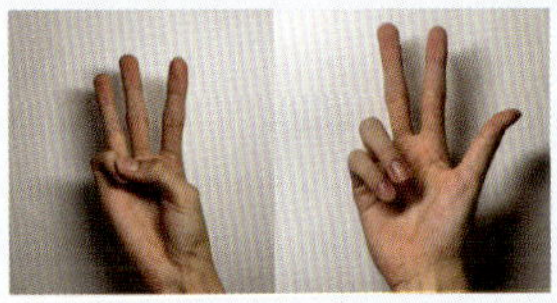

3
三 / sān

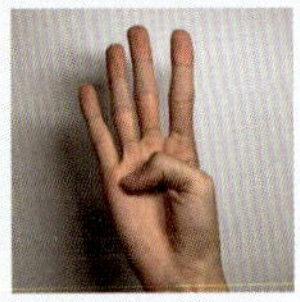

4
四 / sì

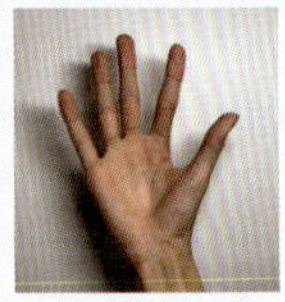

5
五 / wǔ

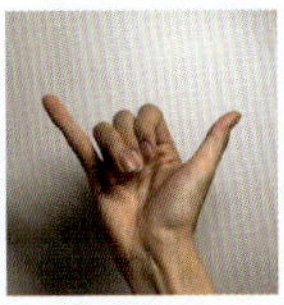

6
六 / liù

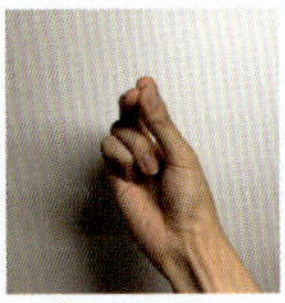

7
七 / qī

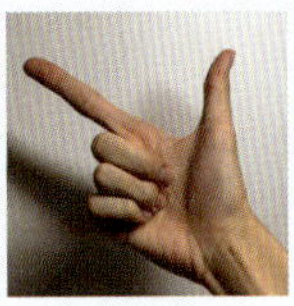

8
八 / bā

9
九 / jiǔ

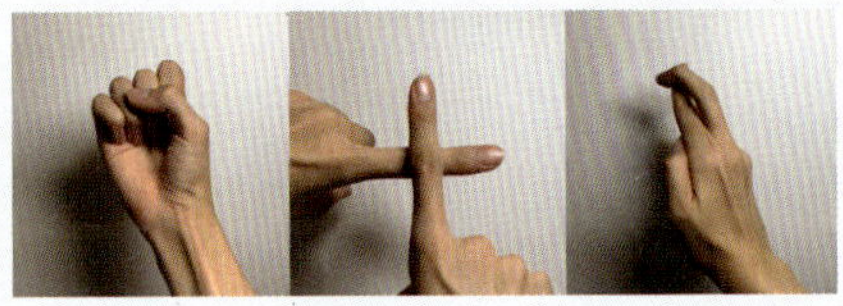

10
十 / shí

학습 포인트

1) 변화와 발생의 의미 '没有了'

조사 '了'는 문장 맨 뒤에 쓰여 사건이나 상황의 변화 또는 발생을 나타냅니다. 동사(구), 명사, 형용사와 결합할 수 있습니다. '没有'는 '가지고 있지 않다'라는 뜻으로 '没有了'는 '원래는 있었는데 지금은 없다'는 변화를 나타냅니다. 따라서 '您要的报纸已经没有了'는 '다른 승객에게 제공되어 이제는 신문이 없다'의 의미를 나타냅니다.

[예] **登机牌不见了。** 탑승권이 보이지 않아요.(있었는데 없어짐)
Dēngjīpái bújiàn le.

2) 접속사 '和'

접속사 '和'는 '~와(과)'의 뜻으로 2개 이상의 명사(구)나 인칭대명사를 병렬할 때 사용합니다. 영어의 'and'와 같이 가장 마지막 단어 앞에 위치합니다.

[예] **我家有爸爸、妈妈、哥哥和我。** 우리 집에는 아빠, 엄마, 오빠와 제가 있어요.
Wǒ jiā yǒu bàba, māma, gēge hé wǒ.

3) '是'의 서면어 '为'

'为'는 4성(wèi)일 때 전치사 '(~을/를) 위하여'라는 뜻이고, 2성(wéi)일 때는 동사 '~이다'의 뜻입니다. 이때 '为(wéi)'는 '是'의 서면어로 공식적인 자리나 문서에서 자주 쓰입니다.

[예] **北京时间为下午三点。** 베이징 시간은 오후 3시입니다.
Běijīng shíjiān wéi xiàwǔ sāndiǎn.

4) 시간 '小时'

'小时'는 '시간'이라는 뜻으로 시간의 구간을 나타낼 때 사용합니다. '小时' 앞에 시간을 나타내는 수사가 오며 수사와 '小时' 사이에 양사 '个'를 씁니다. 양사 '个'는 서면어에서 자주 생략됩니다. 주의해야 할 것은 '2시간'을 말할 때는 숫자 '二(èr)'이 아닌 '两(liǎng)'

을 써야 합니다.

기본 문형: 수사 + (个) + 小时

[예] 两(个)小时 liǎng (ge) xiǎoshí — 2시간

半个小时(三十分钟) bàn ge xiǎoshí(sānshí fēnzhōng) — 30분

三个半小时 sān ge bàn xiǎoshí — 3시간 30분

5) 중국어 숫자 세기 ①

중국어 숫자 1~10

1	2	3	4	5
一 yī	二 èr	三 sān	四 sì	五 wǔ
6	7	8	9	10
六 liù	七 qī	八 bā	九 jiǔ	十 shí

중국어 숫자 11~100

11	12	13	14	15	16	17	18	19	20
十一	十二	十三	十四	十五	十六	十七	十八	十九	二十
shíyī	shí'èr	shísān	shísì	shíwǔ	shíliù	shíqī	shíbā	shíjiǔ	èrshí
21	22	30	40	50	60	70	80	90	100
二十一	二十二	三十	四十	五十	六十	七十	八十	九十	一百
èrshíyī	èrshí'èr	sānshí	sìshí	wǔshí	liùshí	qīshí	bāshí	jiǔshí	yìbǎi

6) 시간 말하기

중국어에서 시는 '点(钟) · diǎn(zhōng)', 분은 '分(钟) · fēn(zhōng)'으로 표현합니다. '钟'은 종종 생략됩니다.

9:00 **九点(钟)** jiǔ diǎn(zhōng)

9:05 **九点零五分** jiǔ diǎn líng wǔ fēn
※ 분이 1~9일 때는 零(líng)을 붙여 읽는다.

9:15 **九点十五分** jiǔ diǎn shíwǔ fēn
九点一刻 jiǔ diǎn yíkè

9:30 **九点三十分** jiǔ diǎn sānshí fēn
九点半 jiǔ diǎn bàn

9:45 **九点四十五分** jiǔ diǎn sìshíwǔ fēn
九点三刻 jiǔ diǎn sānkè
差一刻十点 chà yíkè shí diǎn
10시 15분 전

9:55 **九点五十五分** jiǔ diǎn wǔshíwǔ fēn
差五分十点 chà wǔ fēn shí diǎn
10시 5분 전

2:00 **两点(钟)** liǎng diǎn(zhōng)

보충 단어 **零** líng 명 0, 영 | **一刻** yíkè 명 15분 | **差** chà 형 부족하다, 모자라다

7) 시간 묻고 답하기

A: **现在几点？** 지금 몇 시인가요?
Xiànzài jǐ diǎn?

B: **现在11点。** 지금은 11시입니다.
Xiànzài shíyī diǎn.

A: **要飞多长时间？** 비행 시간이 얼마나 걸리나요?
Yào fēi duōcháng shíjiān?

B: **要飞两个半小时。** 비행 시간은 2시간 30분입니다.
Yào fēi liǎng ge bàn xiǎoshí.

보충 단어 **几** jǐ 대 몇 | **飞** fēi 동 날다 | **多长时间** duōcháng shíjiān 얼마 동안

연습문제

1. 녹음을 듣고 알맞은 대화문을 연결하세요. 연습 3

(1) ■	■ 我需要耳机。
(2) ■	■ 要飞两个小时。
(3) ■	■ 现在下午3点。
(4) ■	■ 很抱歉，没有中文报纸。
(5) ■	■ 谢谢。

2. 다음 상황에 맞게 대화문을 완성하세요.

(1) 没有报纸吗？

(신문 없나요?)

________________________。

(죄송합니다. 신문이 모두 제공되었습니다.)

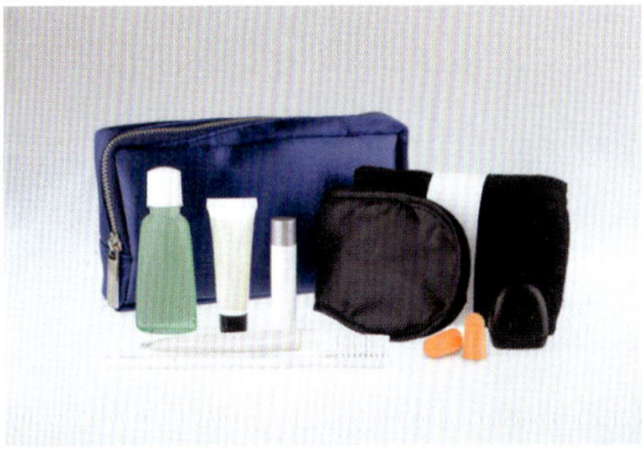

(2) 这是什么？

(이것은 무엇인가요?)

________________________。

(이 안에 슬리퍼와 칫솔, 치약이 들어 있습니다.)

(3) 耳机没有声音。

(헤드폰이 소리가 안 나요.)

______________________________ 。

(잠시만 기다려 주십시오. 헤드폰을 바꿔 드리겠습니다.)

(4) 几点到北京？

(베이징에 몇 시에 도착하나요?)

______________________________ 。

(오후 12시 45분입니다.)

보충 단어 **声音** shēngyīn 명 소리 | **到** dào 동 도착하다

3. **다음 제시된 단어를 어순에 맞게 배열하세요.**

(1) 报纸 / 可以 / 吗 / 这个 / ？

(이 신문 괜찮으십니까?)

▶ ______________________________

(2) 您 / 拿 / 我 / 给 / 马上 / 。

(바로 가져다 드리겠습니다.)

▶ ______________________________

(3) 两点 / 上海 / 为 / 下午 / 时间 / 现在 / 。

(상하이의 현재 시간은 오후 2시입니다.)

▶ ______________________________

(4) 一个 / 的 / 小时 / 与 / 中国 / 有 / 韩国 / 时差 / 。

(중국과 한국은 1시간의 시간차가 있습니다.)

▶ ______________________

4. 다음 한국어를 참고하여 다양한 문장을 만들어 보세요.

(1) 죄송합니다. ~이/가 없습니다.

很抱歉, 没有 + [　　　　]。(죄송합니다. 신문이 없습니다.)

很抱歉, 没有 + [　　　　]。(죄송합니다. 중국어 신문이 없습니다.)

很抱歉, 没有 + [　　　　]。(죄송합니다. 편의용품이 없습니다.)

(2) ~을/를 드립니다.

给您 + [　　　　]。(헤드폰을 드립니다.)

给您 + [　　　　]。(슬리퍼를 드립니다.)

给您 + [　　　　]。(칫솔을 드립니다.)

항공상식

휴대 수하물 보관

수하물은 승객이 기내에 반입하는 휴대 수하물과 항공기 화물칸에 싣는 위탁 수하물이 있습니다. 수하물은 세 변의 합이 115cm 이내일 때 기내 반입이 허용되며 일반적으로 좌석 위 선반(overhead bin)에 보관합니다. 만약 수하물이 지나치게 무겁거나 깨지기 쉬울 경우 좌석 밑에 보관합니다. 그리고 승객이 승무원에게 수하물을 위탁할 경우 좌석 번호를 기재한 태그(tag)를 부착하고 하기 시 승객에게 돌려줍니다.

수하물 안전 보관

제4과
이륙 준비

학습목표 및 학습내용

1. 중국어로 이륙 전 승객 안전 점검을 할 수 있다.
2. 중국어로 항공기 출발/이륙 지연 안내를 할 수 있다.

본문 4-1

좌석벨트 점검

飞机快要起飞了。	비행기가 곧 이륙합니다.
请您坐下。	앉아 주십시오.
请您系好安全带。	좌석벨트를 매 주십시오.
我来帮您系一下安全带。	좌석벨트 매는 걸 도와드리겠습니다.

본문 4-2

좌석 점검

请您回座位坐好。	원래 자리로 가서 앉아 주십시오.
请收回原位。	원위치로 해 주십시오.
请您收起小桌板。	테이블을 접어 주십시오.
请您收起脚踏板。	발 받침대를 접어 주십시오.
请您调直椅背。	좌석 등받이를 세워 주십시오.
请您打开遮光板。	창문 덮개를 열어 주십시오.
请您放下座椅扶手。	의자 팔걸이를 내려 주십시오.

본문 4-3

휴대전화 점검

请您不要使用手机。	휴대전화를 사용하지 마십시오.
为了飞行安全，请您关闭手机。	안전한 비행을 위해 휴대전화를 꺼주십시오.
请您把手机调成飞行模式。	휴대전화를 비행모드로 전환해 주십시오.

본문 4-4

출발/이륙 지연 안내

我们正在等待部分旅客登机。	저희는 일부 승객의 탑승을 기다리고 있습니다.
由于航路交通管制， 起飞时间有所延误。	항로 교통 관제로 인해 이륙이 지연되고 있습니다.
由于目的地下暴雪(下暴雨/ 有大雾)，起飞时间将会延误。	목적지의 폭설(폭우/짙은 안개)로 인해 이륙이 지연되고 있습니다.
请您在座位上休息等候。	자리에서 쉬시면서 기다려 주십시오.
感谢您的谅解。	양해해 주셔서 감사합니다.

1 좌석벨트 점검

飞机快要起飞了。 비행기가 곧 이륙합니다.
Fēijī kuàiyào qǐfēi le.

请您坐下。 앉아 주십시오.
Qǐng nín zuòxià.

请您系好安全带。 좌석벨트를 매 주십시오.
Qǐng nín jìhǎo ānquándài.

我来帮您系一下安全带。 좌석벨트 매는 걸 도와드리겠습니다.
Wǒ lái bāng nín jì yíxià ānquándài.

단어와 구(词&短语)

快要~了 kuàiyào~le 부 곧 ~하다 | **坐** zuò 동 앉다 | **下** xià 동사 뒤에서 위에서 아래로 움직이는 것을 나타냄

2 좌석 점검

请您回座位坐好。 원래 자리로 가서 앉아 주십시오.

Qǐng nín huí zuòwèi zuòhǎo.

请收回原位。 원위치로 해 주십시오.

Qǐng shōuhuí yuánwèi.

请您收起小桌板。 테이블을 접어 주십시오.

Qǐng nín shōuqǐ xiǎozhuōbǎn.

请您收起脚踏板。 발 받침대를 접어 주십시오.

Qǐng nín shōuqǐ jiǎotàbǎn.

请您调直椅背。 좌석 등받이를 세워 주십시오.

Qǐng nín tiáozhí yǐbèi.

请您打开遮光板。 창문 덮개를 열어 주십시오.

Qǐng nín dǎkāi zhēguāngbǎn.

请您放下座椅扶手。 의자 팔걸이를 내려 주십시오.

Qǐng nín fàngxià zuòyǐ fúshǒu.

단어와 구(词&短语)

回 huí 동 되돌아가다 | **坐好** zuòhǎo 동 똑바로 앉다 | **收回** shōuhuí 동 회수하다, 되찾다 | **原位** yuánwèi 명 원위치 | **收起** shōuqǐ 동 거두다 | **小桌板** xiǎozhuōbǎn 명 트레이 테이블 | **脚踏板** jiǎotàbǎn 명 발 받침대 | **调直** tiáozhí 동 똑바로 세우다 | **椅背** yǐbèi 명 좌석 등받이 | **打开** dǎkāi 동 열다 | **遮光板** zhēguāngbǎn 명 창문 덮개 | **放下** fàngxià 동 내려놓다 | **扶手** fúshǒu 명 팔걸이

3 휴대전화 점검

请您不要使用手机。 휴대전화를 사용하지 마십시오.

Qǐng nín búyào shǐyòng shǒujī.

为了飞行安全，请您关闭手机。 안전한 비행을 위해 휴대전화를 꺼주십시오.

Wèile fēixíng ānquán, qǐng nín guānbì shǒujī.

请您把手机调成飞行模式。 휴대전화를 비행모드로 전환해 주십시오.

Qǐng nín bǎ shǒujī tiáochéng fēixíng móshì.

단어와 구(词&短语)

不要 búyào 동 ~하지 마십시오, 원하지 않다 | **使用** shǐyòng 동 사용하다 | **手机** shǒujī 명 휴대전화 | **关闭** guānbì 동 닫다, 끄다 | **把** bǎ 전 ~을(를) | **调成** tiáochéng 동 ~으로 조정하다 | **模式** móshì 명 모드

4 출발/이륙 지연 안내

我们正在等待部分旅客登机。
Wǒmen zhèngzài děngdài bùfen lǚkè dēngjī.
저희는 일부 승객의 탑승을 기다리고 있습니다.

由于航路交通管制，
起飞时间有所延误。
Yóuyú hánglù jiāotōng guǎnzhì,
qǐfēi shíjiān yǒusuǒ yánwù.
항로 교통 관제로 인해 이륙이 지연되고 있습니다.

由于目的地下暴雪(下暴雨/
有大雾)，起飞时间将会延误。
Yóuyú mùdìdì xià bàoxuě(xià bàoyǔ /
yǒu dàwù), qǐfēi shíjiān jiāng huì yánwù.
목적지의 폭설(폭우/짙은 안개)로 인해
이륙이 지연되고 있습니다.

请您在座位上休息等候。
Qǐng nín zài zuòwèi shang xiūxi děnghòu.
자리에서 쉬시면서 기다려 주십시오.

感谢您的谅解。
Gǎnxiè nín de liàngjiě.
양해해 주셔서 감사합니다.

단어와 구(词&短语)

正在 zhèngzài 부 ~하고 있는 중이다 | **等待** děngdài 동 기다리다 | **部分** bùfen 명 일부, 부분 | **旅客** lǚkè 명 여행객, 승객 | **由于** yóuyú 접 ~로 인해 | **航路** hánglù 명 항로 | **交通** jiāotōng 명 교통 | **管制** guǎnzhì 명 관제 동 통제하다 | **有所** yǒusuǒ 다소 | **延误** yánwù 동 지연되다 | **暴雨** bàoyǔ 명 폭우 | **目的地** mùdìdì 명 목적지 | **下** xià 동 내리다 | **暴雪** bàoxuě 명 폭설 | **暴雨** bàoyǔ 명 폭우 | **大雾** dàwù 명 짙은 안개 | **休息** xiūxi 동 휴식하다 | **等候** děnghòu 동 기다리다 | **感谢** gǎnxiè 동 감사하다 | **谅解** liàngjiě 명 양해 동 양해하다

학습 포인트

1) 부사 '快要~了'

부사 '快要'는 동작이 곧 발생함을 나타냅니다. 일반적으로 조사 '了'와 함께 쓰며 이때 '了'는 문장의 맨 뒤에 위치합니다. 이와 비슷한 표현으로 '快~了', '就要~了(jiùyào~le)'가 있습니다.

[예] 飞机快到了。 비행기가 곧 도착합니다.
Fēijī kuài dào le.

快要下雨了。 곧 비가 올 것입니다.
Kuàiyào xiàyǔ le.

就要起飞了。 곧 이륙합니다.
Jiùyào qǐfēi le.

보충 단어 下雨 xiàyǔ 명 비가 내리다

2) 다음자 '系'

'系'는 독음이 둘 이상인 다음자(多音字)로 'xì'와 'jì'로 발음할 수 있습니다. 'xì'로 발음할 때는 명사로 '계통', '학과'의 뜻이며 'jì'로 발음할 때는 동사로 '끈을 매다', '벨트를 착용하다'를 뜻합니다.

[예] 中文系 중문과
Zhōngwénxì

系好鞋带 신발 끈을 매다
jìhǎo xiédài

3) 부드러운 어감 '一下'

'一下'는 '좀 ~하다', '한번 ~하다', '시험 삼아 해보다'라는 뜻으로 동사 뒤에 위치합니다. '좀 ~하다'의 의미일 때는 어감을 부드럽게 해주는 역할을 합니다.

[예] **请稍等。** 잠시 기다리십시오.
Qǐng shāo děng.

请稍等一下。 잠시만 기다려 주십시오. (어감이 더 부드러움)
Qǐng shāo děng yíxià.

4) 결과보어 '坐好', '调成', '调直'

중국어에는 동작의 결과를 설명하거나 동작 후 상태를 나타내는 성분이 있는데 이를 결과보어(结果补语 · jiéguǒ bǔyǔ)라고 합니다.

기본 문형: 동사 + 결과보어(동사/형용사)

① 系好/坐好: 결과보어 '好'는 어떤 행동이 성공적으로 완료되었음을 나타냅니다.

[예] **写好** 다 썼다
xiěhǎo

办好 다 처리했다
bànhǎo

② 调成: 결과보어 '成'은 동작의 결과로 인해 어떤 변화가 발생했음을 나타냅니다.

[예] **翻译成中文** 중국어로 번역하다
fānyìchéng Zhōngwén

③ 调直: 결과보어 '直'는 동작으로 인해 사람이나 사물의 상태가 똑바로 세워졌음을 나타냅니다.

[예] **站直** 똑바로 서다
zhànzhí

보충 단어 **写** xiě 동 쓰다 | **办** bàn 동 처리하다 | **翻译** fānyì 동 번역하다 | **站** zhàn 동 서다

5) '把자문' ①

행위자가 목적어에게 어떤 동작을 가해 어떤 결과 또는 변화가 생겨난 것을 나타낼 때 '把자문'을 사용합니다.

기본 문형: 주어 + 把 + 목적어(처리되는 사물) + 동사 + 기타 성분(처리 결과)

[예] **请您收起小桌板。** 좌석 테이블을 접어 주십시오.
Qǐng nín shōuqǐ xiǎozhuōbǎn.

→ **请您把小桌板收起。** (把자문)
Qǐng nín bǎ xiǎozhuōbǎn shōuqǐ.

我丢了护照。 여권을 잃어버렸어요.
Wǒ diū le hùzhào.

→ **我把护照丢了。** (把자문)
Wǒ bǎ hùzhào diū le.

보충 단어 **丢** diū 동 잃다 | **护照** hùzhào 명 여권

6) 부사 '正在'

부사 '正在'는 '~하는 중이다'라는 뜻으로 현재 어떤 동작이 진행되거나 상태가 지속되고 있음을 나타냅니다. 이와 유사한 부사로 '正'과 '在'가 있습니다. '正'은 주로 동작의 진행을 강조하고, '在'는 상태의 지속을 강조합니다.

[예] **我正看着呢!** 지금 보고 있어!
Wǒ zhèng kànzhe ne!

我在想你。 네 생각하고 있어.
Wǒ zài xiǎng nǐ.

我正在上课。 나 지금 수업 중이야.
Wǒ zhèngzài shàngkè.

보충 단어 **看** kàn 동 보다 | **着** zhe 조 ~하고 있는 중이다 | **呢** ne 조 서술문의 끝에서 동작이나 상태가 지속되고 있음을 나타냄 | **想** xiǎng 동 생각하다 | **上课** shàngkè 동 수업하다

7) 접속사 '由于'

접속사 '由于'는 '~로 인해', '~때문에'라는 뜻입니다. 원인을 나타내는 '由于'가 있는 문장 뒤에 따르는 후속절의 맨 앞에는 '而(ér · 그래서)', '因此(yīncǐ · 그러므로)', '所以(suǒyǐ · 그래서)' 등을 쓸 수 있습니다.

[예] **由于天气不好，所以飞机延误了。** 날씨가 좋지 않아 비행기가 지연되었다.
Yóuyú tiānqì bù hǎo, suǒyǐ fēijī yánwù le.

보충 단어 **天气** tiānqì 명 날씨 | **不好** bù hǎo 좋지 않다

8) 방위명사 '上'

'在座位上'에서 '上'은 방위명사로 일반명사 뒤에 방위명사가 오면 장소명사로 바뀝니다. '在'는 생략하기도 합니다.

기본 문형: 전치사(在) + 명사 + 방위명사

[예] **(在)座位下** 의자 밑
zài zuòwèi xia

(在)桌子上 책상 위
zài zhuōzi shang

9) '谢谢'와 '感谢'의 차이

'谢谢'와 '感谢' 모두 감사한 마음을 나타낼 때 쓰는 표현입니다. 굳이 표현의 차이를 구분하자면 한국어의 '고맙습니다'와 '감사합니다'의 차이라고 할 수 있습니다. 흔히 말하는 '谢谢'는 '고맙습니다'에 가까우며 구어체로 일상생활에서 많이 쓰입니다. 반면에 '感谢'는 '감사합니다'에 가까우며 공식적인 자리에서 많이 쓰고 '谢谢'보다 정중합니다.

연습문제

1. 녹음을 듣고 알맞은 대화문을 연결하세요. 연습 4

(1) ■ ■ 好的。

(2) ■ ■ 目的地下了暴雪。

(3) ■ ■ 我来帮您系一下安全带。

(4) ■ ■ 我已经关闭了。

보충 단어 **怎么** zěnme 대 어떻게 | **为什么** wèishénme 대 왜

2. 다음 상황에 맞게 대화문을 완성하세요.

(1) 我想去洗手间。

(화장실에 가고 싶어요.)

____________________________。

(비행기가 곧 이륙합니다. 앉아 주십시오.)

보충 단어 **去** qù 동 가다

(2) ____________________________。

(좌석 등받이를 세워 주십시오.)

好的。

(알겠습니다.)

(3) ____。

(휴대전화를 비행 모드로 전환해 주십시오.)

好的。

(알겠습니다.)

(4) ____。

(이륙시간이 다소 지연되었습니다. 양해해 주셔서 감사합니다.)

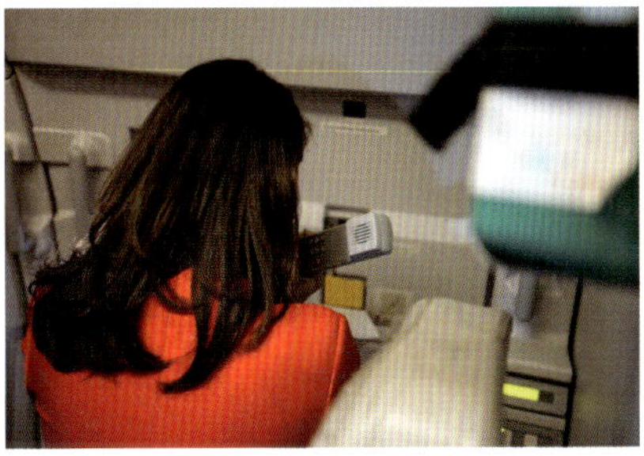

3. 다음 제시된 단어를 어순에 맞게 배열하세요.

(1) 收回 / 请 / 原位 / 。

(원위치로 해 주십시오.)

▶ ____

(2) 不要 / 手机 / 您 / 请 / 使用 / 。

(휴대전화를 사용하지 마십시오.)

▶ ____

(3) 一下 / 安全带 / 来 / 我 / 帮 / 您 / 系 / 。

(좌석벨트 매는 걸 도와드리겠습니다.)

▶ ____

(4) 休息 / 在 / 您 / 请 / 座位 / 上 / 等候 / 。

(자리에서 쉬시면서 기다려 주십시오.)

▶ ______________________________

4. 다음 한국어를 참고하여 다양한 문장을 만들어 보세요.

(1) ~해 주십시오.

请您 + [ ]。(앉으십시오.)

请您 + [ ]。(좌석벨트를 매 주십시오.)

请您 + [ ]。(테이블을 접어 주십시오.)

(2) ~에게 감사합니다.

感谢 + [ ]。(당신에게 감사합니다.)

感谢 + [ ]。(승무원에게 감사합니다.)

感谢 + [ ]。(탑승해 주셔서 감사합니다.)

항공상식

Critical 11

보잉사 통계에 따르면 항공기 이륙 3분간, 착륙 8분간이 항공기 사고의 78%를 차지한다고 합니다. 이 위험한 시간을 바로 'critical 11'이라고 합니다.

항공기 운항 과정은 기본적으로 이륙→상승→순항→진입→착륙의 다섯 단계로 나뉩니다. 이륙은 항공기가 움직이기 시작하여 활주로에서 공중으로 떠올라 상승을 개시하는 단계까지를 말하며, 착륙은 항공기가 공항으로 접근하여 활주로에 내린 후 완전히 정지할 때까지를 말합니다. 비행시간이 아무리 길어도 이륙과 착륙 시의 11분을 뺀 나머지 시간은 이륙한 후 목적지 공항에 내릴 때까지 일정한 고도와 속도로 순항하는 가장 안정된 상태입니다.

조종사는 물론 객실승무원들도 이착륙을 위한 최종 안전점검이 끝나면 담당 구역별로 지정된 위치에 착석합니다. 객실승무원이 지정 좌석인 jump seat에 착석할 때는 신체를 고정시켜 충격에 의한 부상을 예방하거나 최소화하기 위해 좌석벨트와 shoulder harness를 반드시 착용합니다. 이때 객실승무원은 예기치 못한 비상사태에 대비하여 이륙 직전과 착륙 직전 각각 30초씩 '30 seconds review'라 불리는 침묵의 30초를 실시합니다. '30 seconds review'는 항공기 이착륙 시 객실승무원이 좌석에 앉아 있는 동안 현 단계에서 발생 가능한 비상 사태를 스스로 가상하고 자신이 수행할 안전 활동을 약 30초 동안 구체적으로 review 하는 것입니다.

이륙 3분간과 착륙 8분간의 'critical 11'은 기장을 비롯하여 전 객실승무원이 가장 긴장하는 순간이며, 최근 항공 전문가들은 이 11분간의 사고기록이 예전에 집계한 통계 수치보다 높아져 거의 90%에 달한다고 주장합니다.

30 seconds review

제5과

좌석 설비와 엔터테인먼트 시스템

학습목표 및 학습내용

1. 중국어로 좌석 설비 이용을 도울 수 있다.
2. 중국어로 엔터테인먼트 시스템 사용을 도울 수 있다.

본문 5-1

좌석 설비 안내

耳机插孔在这里。	헤드폰은 여기에 꽂으시면 됩니다.
我来帮您关空调。	제가 에어컨을 꺼 드리겠습니다.
需要给您打开阅读灯吗？	독서등을 켜 드릴까요?
椅背调节按钮在这里。	좌석 등받이 버튼은 여기에 있습니다.
需要我帮您看一下吗？	제가 확인해 드릴까요?
座椅下面有充电插座。	좌석 하단에 충전을 위한 전원공급장치가 있습니다.
您有什么需要，请随时按呼唤铃。	도움이 필요하시면 언제든지 호출 버튼을 눌러 주십시오.
您想换到那边的座位吗？	저쪽 좌석으로 옮기시겠습니까?
我去叫中国乘务员。	제가 중국인 승무원을 불러드리겠습니다.

본문 5-2

엔터테인먼트 시스템 안내

您可以参考娱乐指南。	엔터테인먼트 안내 책자를 참고하시면 됩니다.
很抱歉，看起来屏幕有问题。	죄송합니다. 스크린에 문제가 있는 것 같습니다.
我来帮您看一下。	제가 한번 확인해 보겠습니다.
大概需要10分钟。	약 10분 정도 소요될 예정입니다.
我为您重启屏幕。	스크린을 리셋해 드리겠습니다.
当您等待的时候， 请不要触摸屏幕和遥控器。	기다리시는 동안 스크린이나 리모컨을 만지지 마시기 바랍니다.
很抱歉，给您带来不便。	불편을 드려 죄송합니다.
请您谅解。	양해 부탁드립니다.
打扰一下，现在可以了吗？	실례합니다. 지금은 괜찮으십니까?

1 좌석 설비 안내

耳机插孔在这里。
Ěrjī chākǒng zài zhèlǐ.
헤드폰은 여기에 꽂으시면 됩니다.

我来帮您关空调。
Wǒ lái bāng nín guān kōngtiáo.
제가 에어컨을 꺼 드리겠습니다.

需要给您打开阅读灯吗？
Xūyào gěi nín dǎkāi yuèdúdēng ma？
독서등을 켜 드릴까요?

椅背调节按钮在这里。
Yǐbèi tiáojié ànniǔ zài zhèlǐ.
좌석 등받이 버튼은 여기에 있습니다.

需要我帮您看一下吗？
Xūyào wǒ bāng nín kàn yíxià ma？
제가 확인해 드릴까요?

座椅下面有充电插座。
Zuòyǐ xiàmiàn yǒu chōngdiàn chāzuò.
좌석 하단에 충전을 위한 전원공급장치가 있습니다.

您有什么需要，
请随时按呼唤铃。
Nín yǒu shénme xūyào,
qǐng suíshí àn hūhuànlíng.
도움이 필요하시면
언제든지 호출 버튼을 눌러 주십시오.

您想换到那边的座位吗？
Nín xiǎng huàndào nàbiān de zuòwèi ma？
저쪽 좌석으로 옮기시겠습니까?

我去叫中国乘务员。
Wǒ qù jiào Zhōngguó chéngwùyuán.
제가 중국인 승무원을 불러드리겠습니다.

단어와 구(词&短语)

插孔 chākǒng 명 (접속 단자) 구멍 | **这里** zhèlǐ 대 여기 | **关** guān 동 닫다 | **空调** kōngtiáo 명 에어컨 | **阅读灯** yuèdúdēng 명 독서등 | **调节** tiáojié 동 조절하다 | **按钮** ànniǔ 명 버튼 | **充电** chōngdiàn 동 충전하다 | **插座** chāzuò 명 콘센트 | **换到** huàndào 동 ~로 바꾸다 | **叫** jiào 동 호출하다

2 엔터테인먼트 시스템 안내

您可以参考娱乐指南。 Nín kěyǐ cānkǎo yúlè zhǐnán.	엔터테인먼트 안내 책자를 참고하시면 됩니다.
很抱歉, 看起来屏幕有问题。 Hěn bàoqiàn, kànqǐlái píngmù yǒu wèntí.	죄송합니다. 스크린에 문제가 있는 것 같습니다.
我来帮您看一下。 Wǒ lái bāngnín kàn yíxià.	제가 한번 확인해 보겠습니다.
大概需要10分钟。 Dàgài xūyào shí fēnzhōng.	약 10분 정도 소요될 예정입니다.
我为您重启屏幕。 Wǒ wèi nín chóngqǐ píngmù.	스크린을 리셋해 드리겠습니다.
当您等待的时候, 请不要触摸屏幕和遥控器。 Dāng nín děngdài de shíhou, qǐng búyào chùmō píngmù hé yáokòngqì.	기다리시는 동안 스크린이나 리모컨을 만지지 마시기 바랍니다.
很抱歉, 给您带来不便。 Hěn bàoqiàn, gěi nín dàilái búbiàn.	불편을 드려 죄송합니다.
请您谅解。 Qǐng nín liàngjiě.	양해 부탁드립니다.
打扰一下, 现在可以了吗? Dǎrǎo yíxià, xiànzài kěyǐ le ma?	실례합니다. 지금은 괜찮으십니까?

단어와 구(词&短语)

参考 cānkǎo 동 참고하다 | **娱乐** yúlè 명 오락, 엔터테인먼트 | **指南** zhǐnán 명 안내 책자 | **看起来** kànqǐlái 보아하니 | **屏幕** píngmù 명 스크린 | **问题** wèntí 명 문제 | **大概** dàgài 부 대략 | **重启** chóngqǐ 동 재부팅하다 | **当~的时候** dāng~de shíhou ~할 때 | **触摸** chùmō 동 터치하다 | **遥控器** yáokòngqì 명 리모컨 | **带来** dàilái 동 가져오다 | **不便** búbiàn 형 불편하다 | **打扰** dǎrǎo 동 방해하다

학습 포인트

1) 필요하다 '需要'

기내에서 승객과 승무원은 서비스를 요청하고 제공해야 하기 때문에 '필요(하다)'에 해당하는 '需要'를 많이 사용합니다. '需要'는 대답할 때 단독으로 쓰기도 하며 뒤에 명사 목적어나 동사구 혹은 절을 취할 수 있습니다.

A: **您需要什么？** 무엇이 필요하십니까?
Nín xūyào shénme?

B: **我需要纸巾。** 휴지가 필요해요.
Wǒ xūyào zhǐjīn.

보충 단어 **纸巾** zhǐjīn 명 휴지

A: **需要我帮您吗？** 도움이 필요하십니까?
Xūyào wǒ bāng nín ma?

B: **需要。** 필요해요.
Xūyào.

2) 방향 표현 '下面'

'面(miàn)'은 '쪽', '측'이라는 뜻으로 방향을 나타내는 명사와 함께 쓰입니다. 이 외에 방향을 나타내는 단어로 '边(biān)', '方(fāng)'이 있습니다.

[예] **下面** xiàmiàn / **下边** xiàbian / **下方** xiàfāng 명 아래쪽

기본 방향 표현

왼쪽 **左边** zuǒbian	앞쪽 **前边/前面** qiánbian/ qiánmiàn	위쪽 **上边/上面** shàngbian/ shàngmiàn	안쪽 **里边/里面** lǐbian/ lǐmiàn	중간 **中间** zhōngjiān
오른쪽 **右边** yòubian	뒤쪽 **后边/后面** hòubian/ hòumiàn	아래쪽 **下边/下面** xiàbian/ xiàmiàn	바깥쪽 **外边/外面** wàibian/ wàimiàn	옆 **旁边** pángbiān

3) 정중한 사과 '抱歉'

'抱歉'은 '죄송하다'라는 뜻으로 앞서 배운 '对不起'와 '不好意思'보다 더 정중하게 사과를 할 때 사용합니다. 정도부사 '很(hěn · 매우)', '非常(fēicháng · 대단히)', '真(zhēn · 정말로)' 등과 함께 말할 수 있습니다.

[예] **非常抱歉。** 매우 죄송합니다.
fēicháng bàoqiàn.

真抱歉。 정말로 죄송합니다.
zhēn bàoqiàn.

4) 다음자 '重'

'重'은 'zhòng'과 'chóng'으로 발음할 수 있습니다. 'zhòng'으로 발음할 때는 형용사 '무겁다', 'chóng'으로 발음할 때는 동사 '중복하다'의 뜻입니다.

[예] **很重** 매우 무겁다
hěn zhòng

重复 명 중복 동 중복하다
chóngfù

5) ~할 때 '当~的时候'

'当~的时候'는 '~할 때'라는 뜻으로 '当~时'로 쓰기도 합니다. '当' 대신 '在'를 쓰거나 생략하기도 합니다.

[예] **当飞机起飞的时候，请您系好安全带。** 비행기 이륙 시 좌석벨트를 매십시오.
Dāng fēijī qǐfēi de shíhou, qǐng nín jìhǎo ānquándài.

当飞机起飞时，请您系好安全带。
Dāng fēijī qǐfēi shí, qǐng nín jìhǎo ānquándài.

飞机起飞时，请您系好安全带。
Fēijī qǐfēi shí, qǐng nín jìhǎo ānquándài.

6) 실례합니다 '打扰一下'

'打扰一下'는 '실례합니다'라는 뜻으로 이와 유사한 표현으로 '不好意思', '麻烦您', '请问' 등이 있습니다.

[예] **不好意思，您可以让一下吗？** 실례합니다. 잠시 옆쪽으로 서 주시겠습니까?
Bùhǎoyìsi, nín kěyǐ ràng yíxià ma?

麻烦您帮我一下。 실례지만 저 좀 도와주세요.
Máfan nín bāng wǒ yíxià.

请问，您是○○○先生吗？ 실례지만 ○○○ 손님이십니까?
Qǐng wèn, nín shì ○○○ xiānsheng ma?

보충 단어 **麻烦** máfan 형 귀찮다 동 귀찮게 하다

7) 기내 엔터테인먼트(in-flight entertainment, IFE)

프로그램

영화	**电影** diànyǐng	TV 프로그램	**电视节目** diànshì jiémù
드라마	**电视剧** diànshìjù **连续剧** liánxùjù	예능 프로그램	**综艺节目** zōngyì jiémù
애니메이션	**动画片** dònghuàpiàn	시사 프로그램	**时事节目** shíshì jiémù
음악	**音乐** yīnyuè	동요	**童谣** tóngyáo
운항 정보	**航路信息** hánglù xìnxī	스크린	**屏幕** píngmù

조작 시스템

터치 스크린	触摸屏 chùmōpíng	리모컨	遥控器 yáokòngqì
홈	主页 zhǔyè	확인	确认 quèrèn
정지	停止 tíngzhǐ	잠시 멈춤	暂停 zàntíng
앞 화면	上页 shàngyè	다음 화면	下页 xiàyè

연습문제

1. 녹음을 듣고 알맞은 대화문을 연결하세요. 연습 5

(1) ■ ■ 现在可以了。

(2) ■ ■ 好的, 请您来帮我一下。

(3) ■ ■ 是的, 我想换座位。

(4) ■ ■ 耳机插孔在这里。

(5) ■ ■ 按这个按钮就可以。

보충 단어 就 jiù 부 ~하자마자

2. 다음 상황에 맞게 대화문을 완성하세요.

(1) 屏幕有问题。

(스크린에 문제가 있어요.)

________________。

(제가 한번 확인해 보겠습니다.)

(2) 我想关空调。

(에어컨을 끄고 싶어요.)

________________。

(제가 에어컨을 꺼 드리겠습니다.)

(3) ________________________。

(불편을 드려 죄송합니다.)

没事儿。

(괜찮습니다.)

보충 단어 **没事儿** méishìr 괜찮다

(4) 有中国乘务员吗？

(중국인 승무원 있나요?)

________________________。

(있습니다. 제가 중국인 승무원을 불러 드리겠습니다.)

3. 다음 제시된 단어를 어순에 맞게 배열하세요.

(1) 您 / 谅解 / 请 / 。

(양해 부탁드립니다.)

▶ ________________________

(2) 重启 / 您 / 我 / 为 / 屏幕 / 。

(스크린을 리셋해 드리겠습니다.)

▶ ________________________

(3) 遥控器 / 屏幕 / 请 / 触摸 / 不要 / 和 / 。

(스크린이나 리모컨을 만지지 마시기 바랍니다.)

▶ ______________________

(4) 需要 / 阅读灯 / 打开 / 吗 / 您 / 给 / ?

(독서등을 켜 드릴까요?)

▶ ______________________

4. 다음 한국어를 참고하여 다양한 문장을 만들어 보세요.

(1) ~이/가 필요하십니까?

需要 + [　　　　] + 吗 ? (헤드폰이 필요하십니까?)

需要 + [　　　　] + 吗 ? (도움이 필요하십니까?)

需要 + [　　　　] + 吗 ? (독서등을 켜려 하십니까?)

(2) ~을/를 하고 싶어요.

我想 + [　　　　] 。(자리를 바꾸고 싶어요.)

我想 + [　　　　] 。(에어컨을 끄고 싶어요.)

我想 + [　　　　] 。(화장실에 가고 싶어요.)

좌석의 개인용 모니터와 AVOD

승객 좌석에는 개인용 모니터와 좌석 전원공급장치, 독서등, 영화와 음악 선택 조절 버튼, 승무원 호출 버튼이 달린 컨트롤 유닛인 PSU(personal service unit)가 장착되어 있습니다. 항공사는 승객이 항공 여행을 즐길 수 있도록 AVOD(audio video on-demand, 주문형 오디오 및 비디오 시스템)를 제공하고 있습니다. 또한 개인용 모니터를 통해 다채로운 영화, 단편물, 음악, 게임 등을 제공받아 비행 중 승객이 언제든지 즐길 수 있도록 하고 있으며, 주기적으로 콘텐츠를 교체하여 승객의 다양한 수요를 충족시키기 위해 노력합니다.

기내 오락물 이외에도 기내 면세품 정보, 항공사 정보, 운항 정보(air show) 등의 다양한 정보를 제공합니다. 특히 운항 정보를 통해 비행 중 승객에게 해당 항공편의 비행 정보를 제공하게 되는데 비행속도, 비행고도, 출발지와 도착지의 현지 시간, 도착 예정 시간, 외부 온도, 잔여 시간, 목적지까지의 거리, 항공기 순항 속도 등을 볼 수 있습니다.

기내 PSU

제6과
식사 서비스

학습목표 및 학습내용

1. 중국어로 타월 서비스를 제공할 수 있다.
2. 중국어로 식사 서비스를 제공할 수 있다.

본문 6-1

타월 서비스

您需要热毛巾吗？	따뜻한 타월 필요하십니까?
小心烫手。	뜨겁습니다. 조심하십시오.
需要帮您收走毛巾吗？	타월을 치워드릴까요?
很抱歉，我给您换新的。	죄송합니다. 새것으로 바꾸어 드리겠습니다.

본문 6-2

식사 서비스 1

不好意思，借过一下。	실례합니다. 잠시 지나가겠습니다.
您好，这是您的儿童餐。	손님, 어린이 식사 드리겠습니다.
您要用餐吗？	식사하시겠습니까?
您要吃什么？	어느 것으로 드시겠습니까?
这是您的午餐。	점심 식사 드리겠습니다.
我们有牛肉和韩式拌饭。	소고기와 한국식 비빔밥이 있습니다.
请慢用。	맛있게 드십시오.

본문 6-3

식사 서비스 2

很抱歉，牛肉已经没有了。 鸡肉可以吗？	죄송합니다만 소고기는 모두 제공되었습니다. 닭고기 괜찮으십니까?
热菜需要20分钟。	음식을 데우는 데 20여 분 걸립니다.
需要我帮您保管餐食吗？	식사를 보관해 드릴까요?
想用餐时，请您告诉我。	식사를 원하실 때 말씀해 주십시오.
可能要等一会儿。请您谅解。	조금 시간이 걸릴 것 같습니다. 양해 부탁드립니다.
麻烦您调直座椅靠背。	실례지만 좌석 등받이를 세워 주십시오.

1 타월 서비스

您需要热毛巾吗？ 따뜻한 타월 필요하십니까?

Nín xūyào rè máojīn ma？

小心烫手。 뜨겁습니다. 조심하십시오.

Xiǎoxīn tàngshǒu.

需要帮您收走毛巾吗？ 타월을 치워드릴까요?

Xūyào bāng nín shōuzǒu máojīn ma？

很抱歉，我给您换新的。 죄송합니다. 새것으로 바꾸어 드리겠습니다.

Hěn bàoqiàn, wǒ gěi nín huàn xīnde.

단어와 구(词&短语)

热 rè 형 뜨겁다 동 데우다 | **毛巾** máojīn 명 수건 | **小心** xiǎoxīn 동 조심하다 | **烫手** tàngshǒu 동 손을 데다 | **收走** shōuzǒu 동 수거해 가다 | **新的** xīnde 새것

2 식사 서비스 1

不好意思，借过一下。
Bùhǎoyìsi, jièguò yíxià.
실례합니다. 잠시 지나가겠습니다.

您好，这是您的儿童餐。
Nín hǎo, zhè shì nín de értóngcān.
손님, 어린이 식사 드리겠습니다.

您要用餐吗？
Nín yào yòngcān ma？
식사하시겠습니까?

您要吃什么？
Nín yào chī shénme？
어느 것으로 드시겠습니까?

这是您的午餐。
Zhè shì nín de wǔcān.
점심 식사 드리겠습니다.

我们有牛肉和韩式拌饭。
Wǒmen yǒu niúròu hé Hánshì bànfàn.
소고기와 한국식 비빔밥이 있습니다.

请慢用。
Qǐng mànyòng.
맛있게 드십시오.

단어와 구(词&短语)

借过 jièguò 지나가다 | **用餐** yòngcān 동 식사하다 | **吃** chī 동 먹다 | **午餐** wǔcān 명 점심 식사 | **牛肉** niúròu 명 소고기 | **韩式** Hánshì 명 한국식 | **拌饭** bànfàn 명 비빔밥 | **慢用** mànyòng 천천히 많이 먹다

3 식사 서비스 2

很抱歉，牛肉已经没有了。
鸡肉可以吗？

Hěn bàoqiàn, niúròu yǐjīng méiyǒu le.
Jīròu kěyǐ ma？

죄송합니다만 소고기는 모두 제공되었습니다.
닭고기 괜찮으십니까?

热菜需要20分钟。

Rècài xūyào èrshí fēnzhōng.

음식을 데우는 데 20여 분 걸립니다.

需要我帮您保管餐食吗？

Xūyào wǒ bāng nín bǎoguǎn cānshí ma？

식사를 보관해 드릴까요?

想用餐时，请您告诉我。

Xiǎng yòngcān shí, qǐng nín gàosu wǒ.

식사를 원하실 때 말씀해 주십시오.

可能要等一会儿。请您谅解。

Kěnéng yào děng yíhuìr. Qǐng nín liàngjiě.

조금 시간이 걸릴 것 같습니다. 양해 부탁드립니다.

麻烦您调直座椅靠背。

Máfan nín tiáozhí zuòyǐ kàobèi.

실례지만 좌석 등받이를 세워 주십시오.

단어와 구(词&短语)

鸡肉 jīròu 명 닭고기 | **热菜** rècài 동 음식을 데우다 | **保管** bǎoguǎn 동 보관하다 | **告诉** gàosu 동 알리다
一会儿 yíhuìr 잠시. 'yìhuǐr'로도 발음함 | **靠背** kàobèi 명 의자 등받이

학습 포인트

1) 조심해요 '小心'

'小心'은 '조심하다'라는 뜻으로 한국어 한자어 '小心(소심)'과 다르니 유의해야 합니다. '小心'은 단독으로 쓰거나 뒤에 주의해야 할 내용이 따릅니다.

[예] 小心! — 조심해!
Xiǎoxīn!

请您小心。 — 조심하십시오.
Qǐng nín xiǎoxīn.

小心地滑。 — 바닥이 미끄러우니 조심하십시오.
Xiǎoxīn dìhuá.

보충 단어 地 dì 명 땅, 바닥 | 滑 huá 형 미끄럽다

2) 여보세요 '您好'

'您好!'는 '你好!'의 높임말이지만, 상대방의 호칭을 부르지 않고 말을 걸 때 '您好'라고 하기도 합니다. 한국어의 '여보세요', '저기요'에 해당한다고 생각하면 됩니다.

[예] 您好, 我的座位在哪里? — 저기요, 제 좌석은 어디에 있나요?
Nín hǎo, wǒ de zuòwèi zài nǎlǐ?

호칭 에티켓

승무원이 승객을 부를 때	**先生** xiānsheng (성인 남성에 대한 존칭) 선생, 씨	**小姐** xiǎojiě (젊은 여성) 아가씨	**女士** Nǚshì (중년 여성에 대한 존칭) 부인, 여사
	请问 qǐngwèn 질문할 때	**您好** nín hǎo 호칭 없이 말 걸 때	**麻烦您～** máfan nín 부탁할 때
승객이 승무원을 부를 때	**乘务员** chéngwùyuán 승무원	**小姐** xiǎojiě 아가씨	**空姐** kōngjiě 여승무원

3) 구조조사 '的'

구조조사 '的'는 '~의', '~ㄴ'의 뜻으로 관형어 뒤에서 종속 · 소유 · 수식 관계를 나타냅니다. '您的毛巾', '您的儿童餐'에서 '的'는 명사 간 소유 관계를 나타냅니다.

[예] **我的座位** (종속) 나의 좌석
wǒ de zuòwèi

很大的飞机 (수식) 매우 큰 비행기
hěn dà de fēijī

보충 단어 **大** dà 형 크다

4) 식사하다 '用餐'

'用餐'은 구어체 '吃饭(chī fàn · 밥을 먹다)'의 문어체입니다.

보충 단어 **饭** fàn 명 밥

5) 메뉴 선택 '您要吃什么？'

승객에게 메뉴를 제시하면서 '어느 것을 고르시겠어요?'라고 말할 때 쓰는 표현입니다. '주문하다'라는 뜻을 지닌 동사 '点(diǎn)'을 이용하여 '您要点什么(Nín yào diǎn shénme)？'라고도 물어볼 수 있습니다.

[예] **这是菜单。请问，您要点什么？** 메뉴판 드립니다. 어느 것을 고르시겠습니까?
Zhè shì càidān. Qǐngwèn, nín yào diǎn shénme?

6) 드립니다 '这是~'

'这是~'는 '이것은 ~입니다'의 뜻이지만, 사물을 건네면서 말하면 '~을 드립니다'의 의미입니다.

[예] **这是您的甜品。** 디저트 드립니다.
Zhè shì nín de tiánpǐn.

보충 단어 **甜品** tiánpǐn 명 디저트

7) 상투어 '请慢用'

중국인은 식사할 때 '드십시오'의 뜻으로 '请慢用'이라고 말합니다. '慢用'은 '천천히'라는 뜻의 형용사 '慢(màn)'과 '쓰다'라는 뜻의 동사 '用(yòng)'이 합쳐진 말로 한국어로 '천천히 맛있게 드십시오'라는 의미입니다.

8) 실례합니다 '麻烦您'

'麻烦您'은 '번거롭게 하다', '실례하다'의 뜻으로 상대방에게 번거로움을 초래하여 양해를 구할 때 사용합니다. 단독으로 사용하기도 하고, 문장 맨 앞에 위치해 부탁하는 내용과 함께 사용하기도 합니다.

[예] 麻烦您了。 번거롭게 해드렸습니다.
Máfan nín le.

麻烦您帮我关空调。 실례지만 에어컨 좀 꺼주세요.
Máfan nín bāng wǒ guān kōngtiáo.

9) 기내 음식 명칭

한식/한국 요리 **韩餐** Háncān	중식/중국 요리 **中餐** Zhōngcān	양식/서양 요리 **西餐** Xīcān	일식/일본 요리 **日餐** Rìcān
소고기 **牛肉** niúròu	돼지고기 **猪肉** zhūròu	닭고기 **鸡肉** jīròu	해산물 **海鲜** hǎixiān
쌀밥 **米饭** mǐfàn	볶음밥 **炒饭** chǎofàn	비빔밥 **拌饭** bànfàn	국수 **面条** miàntiáo
빵 **面包** miànbāo	국 **汤** tāng	죽 **粥** zhōu	오믈렛 **鸡蛋卷儿** jīdànjuǎnr
김밥 **紫菜包饭** zǐcài bāofàn	라면 **拉面** lāmiàn	머핀 **小蛋糕** xiǎodàngāo	피자 **比萨饼** bǐsàbǐng

연습문제

1. 녹음을 듣고 알맞은 대화문을 연결하세요. 연습 6

(1) ■	■ 我要。
(2) ■	■ 我要吃牛肉。
(3) ■	■ 谢谢。
(4) ■	■ 需要。
(5) ■	■ 好的。

2. 다음 상황에 맞게 대화문을 완성하세요.

(1) ________________________ ?

(어느 것으로 드시겠습니까?)

我要拌饭。

(비빔밥 주세요.)

(2) 我要鸡肉。

(닭고기 주세요.)

________________________ 。

(알겠습니다. 맛있게 드십시오.)

(3) ____。

(죄송합니다. 새것으로 바꾸어 드리겠습니다.)

好的, 谢谢你。

(네, 고맙습니다.)

(4) ____。

(죄송합니다. 소고기는 모두 제공되었습니다.
닭고기 괜찮으십니까?)

可以。

(괜찮습니다.)

3. 다음 제시된 단어를 어순에 맞게 배열하세요.

(1) 需要 / 分钟 / 热菜 / 20 / 。

(음식을 데우는 데 20여 분 걸립니다.)

▶ ____

(2) 一会儿 / 等 / 要 / 可能 / 。

(조금 시간이 걸릴 것 같습니다.)

▶ ____

(3) 韩式 / 我们 / 牛肉 / 有/ 和/ 拌饭 / 。

(소고기와 한국식 비빔밥이 있습니다.)

▶ ____

(4) 您 / 麻烦 / 座椅 / 调直 / 靠背/ 。

(실례지만 좌석 등받이를 세워 주십시오.)

▶ ______________________________

4. 다음 한국어를 참고하여 다양한 문장을 만들어 보세요.

(1) 잠시 ~하겠습니다.

[ ] + 一下。(잠시 지나가겠습니다.)

[ ] + 一下。(잠시 기다려 주십시오.)

[ ] + 一下。(잠시 보겠습니다.)

(2) ~을/를 드리겠습니다.

这是您的 + [ ]。(어린이 식사 드리겠습니다.)

这是您的 + [ ]。(점심 식사 드리겠습니다.)

这是您的 + [ ]。(따뜻한 타월 드리겠습니다.)

항공상식

유효기간이 있는 기내식

우리는 마트나 편의점에서 식품을 구매할 때 겉면에 표기된 유효기간을 참고합니다. 유효기간은 해당 제품의 품질이 정상적으로 유지될 수 있는 날짜를 표기한 것으로 항공사에서 제공하는 기내식의 경우에도 이 유효기간이 표기됩니다.

즐거운 비행에서 단연 기대되는 서비스 중 하나가 하늘에서의 식사, 바로 기내식입니다. 항공사는 기내식을 제조하여 항공기에 탑재하는 과정까지 품질 유지 및 승객의 식품 안전을 위해 유효기간을 설정하여 엄격한 관리를 하고 있습니다.

기내식의 구분과 유효기간

1) Hot Meal

- 가열 조리하여 제조하는 음식
- 유효기간: 조리 완료에서 항공기 출발 시간까지 72시간
  - 조리 완료에서 세팅 완료: 48시간
  - 세팅 완료에서 항공기 출발: 24시간

2) Cold Meal

- 가열 조리 없이 제조하는 음식
- 유효기간: 조리 완료에서 항공기 출발 시간까지 48시간
  - 조리 완료에서 세팅 완료: 24시간
  - 세팅 완료에서 항공기 출발: 24시간

기내식

제7과

음료 서비스

학습목표 및 학습내용

1. 중국어로 음료 서비스를 제공할 수 있다.
2. 중국어로 식사 트레이를 회수할 수 있다.

본문 7-1

음료 서비스 1

请问，您要喝红酒吗？	와인 드시겠습니까?
请把杯子放在盘子上。	컵을 쟁반 위에 올려 주십시오.
我们有橙汁、可乐和啤酒。	오렌지 주스, 콜라, 맥주가 있습니다.
请问，您要喝什么？	음료는 무엇으로 드시겠습니까?
这是您要的饮料。	말씀하신 음료입니다.
没有您要的苏打水，雪碧可以吗？	말씀하신 탄산수가 없습니다. 스프라이트 괜찮으십니까?
要加冰吗？	얼음을 넣어 드릴까요?
您想再来一杯吗？	한 잔 더 하시겠습니까?
请问，您喝完了吗？ 需要帮您收走吗？	다 드셨습니까? 치워드릴까요?

본문 7-2

음료 서비스 2

您要喝咖啡还是茶？	커피 드시겠습니까, 차 드시겠습니까?
加糖和奶吗？	설탕과 크림 필요하십니까?
您要喝茶吗？	차 드시겠습니까?
我们有绿茶和红茶。	녹차와 홍차가 있습니다.
茶很烫，请您小心。	차가 많이 뜨겁습니다. 조심하십시오.
现在不提供热饮。	지금은 뜨거운 음료 서비스를 중단하고 있습니다.

본문 7-3

식사 트레이 회수

餐食的口味, 您还满意吗？	식사는 입맛에 맞으셨습니까?
很抱歉, 没能为您提供您要的餐食。	원하시던 식사를 드리지 못해 죄송합니다.
请问, 您用完餐了吗？	실례합니다. 식사 다 하셨습니까?
您好, 吃得好吗？	손님, 식사 맛있게 하셨습니까?
我一会儿再来收, 请慢用。	잠시 후 다시 와서 회수해 드리겠습니다. 천천히 드십시오.
刚才您在睡觉, 没能为您提供餐食。	주무시는 동안 식사를 못 드렸습니다.
现在为您提供餐食, 可以吗？	지금 식사를 드려도 되겠습니까?

1 음료 서비스 1

请问，您要喝红酒吗？
Qǐng wèn, nín yào hē hóngjiǔ ma?
와인 드시겠습니까?

请把杯子放在盘子上。
Qǐng bǎ bēizi fàngzài pánzi shang.
컵을 쟁반 위에 올려 주십시오.

我们有橙汁、可乐和啤酒。
Wǒmen yǒu chéngzhī, kělè hé píjiǔ.
오렌지 주스, 콜라, 맥주가 있습니다.

请问，您要喝什么？
Qǐng wèn, nín yào hē shénme?
음료는 무엇으로 드시겠습니까?

这是您要的饮料。
Zhè shì nín yào de yǐnliào.
말씀하신 음료입니다.

没有您要的苏打水，雪碧可以吗？
Méiyǒu nín yào de sūdǎshuǐ, xuěbì kěyǐ ma?
말씀하신 탄산수가 없습니다. 스프라이트 괜찮으십니까?

要加冰吗？
Yào jiābīng ma?
얼음을 넣어 드릴까요?

您想再来一杯吗？
Nín xiǎng zàilái yìbēi ma?
한 잔 더 하시겠습니까?

请问，您喝完了吗？需要帮您收走吗？
Qǐng wèn, nín hēwán le ma? Xūyào bāng nín shōuzǒu ma?
다 드셨습니까? 치워드릴까요?

단어와 구(词&短语)

喝 hē 동 마시다 | **红酒** hóngjiǔ 명 와인 | **杯子** bēizi 명 컵 | **盘子** pánzi 명 쟁반 | **橙汁** chéngzhī 명 오렌지 주스 | **可乐** kělè 명 콜라 | **啤酒** píjiǔ 명 맥주 | **饮料** yǐnliào 명 음료 | **苏打水** sūdǎshuǐ 명 탄산수 **雪碧** xuěbì 명 스프라이트 | **加** jiā 동 추가하다 | **冰** bīng 명 얼음 | **再来** zài lái 한 번 더 ~하다, 다시 오다 **一** yī 수 1, 하나 | **杯** bēi 양 잔. 물이나 술 등을 마실 때 세는 양사 | **完** wán 동 완성하다. 동사 뒤에서 동작의 완료를 나타냄

2 음료 서비스 2

您要喝咖啡还是茶？ — 커피 드시겠습니까, 차 드시겠습니까?
Nín yào hē kāfēi háishi chá？

加糖和奶吗？ — 설탕과 크림 필요하십니까?
Jiā táng hé nǎi ma？

您要喝茶吗？ — 차 드시겠습니까?
Nín yào hē chá ma？

我们有绿茶和红茶。 — 녹차와 홍차가 있습니다.
Wǒmen yǒu lǜchá hé hóngchá.

茶很烫，请您小心。 — 차가 많이 뜨겁습니다. 조심하십시오.
Chá hěn tàng, qǐng nín xiǎoxīn.

现在不提供热饮。 — 지금은 뜨거운 음료 서비스를 중단하고 있습니다.
Xiànzài bù tígōng rèyǐn.

단어와 구(词&短语)

咖啡 kāfēi 명 커피 | **还是** háishi 접 또는, 아니면 | **茶** chá 명 차 | **糖** táng 명 설탕 | **奶** nǎi 명 크림 | **绿茶** lǜchá 명 녹차 | **红茶** hóngchá 명 홍차 | **烫** tàng 형 뜨겁다 | **热饮** rèyǐn 명 뜨거운 음료

3 식사 트레이 회수

餐食的口味，您还满意吗？ 식사는 입맛에 맞으셨습니까?
Cānshí de kǒuwèi, nín hái mǎnyì ma？

很抱歉，没能为您提供您要的餐食。 원하시던 식사를 드리지 못해 죄송합니다.
Hěn bàoqiàn, méi néng wèi nín tígōng nín yào de cānshí.

请问，您用完餐了吗？ 실례합니다. 식사 다 하셨습니까?
Qǐng wèn, nín yòngwán cān le ma？

您好，吃得好吗？ 손님, 식사 맛있게 하셨습니까?
Nín hǎo, chī de hǎo ma？

我一会儿再来收。请慢用。 잠시 후 다시 와서 회수해 드리겠습니다. 천천히 드십시오.
Wǒ yíhuìr zài lái shōu. Qǐng mànyòng.

刚才您在睡觉，没能为您提供餐食。 주무시는 동안 식사를 못 드렸습니다.
Gāngcái nín zài shuìjiào, méi néng wèi nín tígōng cānshí.

现在为您提供餐食，可以吗？ 지금 식사를 드려도 되겠습니까?
Xiànzài wèi nín tígōng cānshí, kěyǐ ma？

단어와 구(词&短语)

口味 kǒuwèi 명 맛 | **还** hái 부 그만하면 | **满意** mǎnyì 형 만족하다 | **没** méi 부 ~하지 않았다. 동사 앞에 위치하여 동작의 발생을 부정함 | **没能** méi néng 할 수 없었다 | **得** de 조 상태나 정도를 나타내는 구조조사 | **收** shōu 동 거두다 | **刚才** gāngcái 명 방금 | **睡觉** shuìjiào 동 자다

학습 포인트

1) '把자문' ②

주어가 어떤 동작을 통하여 목적어를 어떻게 변화(사물의 위치 이동)시켰는지를 나타낼 때 '把자문'을 사용합니다. 장소명사 위치에 일반명사가 올 경우 일반명사 뒤에 방향명사를 써야 합니다.

기본 문형: 주어 + 把 + 사물 + 放在 + 장소명사 / 명사 + 방위명사

[예] **把杯子放在盘子上。** 컵을 쟁반 위에 놓아 주십시오.
Bǎ bēizi fàngzài pánzi shang.

把行李放在行李架内。 수하물을 선반 안에 놓아 주십시오.
Bǎ xíngli fàngzài xínglijià nèi.

2) 중국어 문장부호

중국어는 한국어와 달리 띄어쓰기가 없어서 문장부호가 의미 전달에 매우 중요합니다. '我们有橙汁、可乐和啤酒'에서 쓰인 '、'는 '顿号(dùnhào · 모점)', '。'는 '句号(jùhào · 마침표)'라고 합니다. '顿号(모점)'는 문장 내에서 단어나 구를 병렬할 때 사용하며, '句号(마침표)'는 문장의 끝에 사용합니다. (중국어 문장부호 설명은 부록 참조)

[예] **机上有韩国人、中国人和日本人。**(모점) 기내에 한국인, 중국인, 일본인이 있습니다.
Jīshàng yǒu Hánguórén, Zhōngguórén hé Rìběnrén.

飞机快登机了。(마침표) 비행기가 곧 탑승을 시작합니다.
Fēijī kuài dēngjī le.

보충 단어 **韩国人** Hánguórén 명 한국인 | **日本人** Rìběnrén 명 일본인

3) 동사 '喝'

중국어에서 동사 '喝'는 한국어와 달리 액체류의 음식물을 섭취할 때 모두 사용합니다. 예를 들어 '죽을 먹다'는 '喝粥(hē zhōu)', '국을 먹다'는 '喝汤(hē tāng)'이라고 말합니다. 승객이 음료수를 다 마셨는지 물어볼 때 한국어는 '다 드셨습니까'로 물어보지만 중국어는 '喝完了吗'라고 묻습니다.

4) 동사 '加'

동사 '加'는 '더하다', '첨가하다'의 뜻으로 '加' 뒤에 오는 명사 목적어를 추가하는 것을 의미합니다.

[예] **加冰** 얼음을 넣다
jiā bīng

加糖 설탕을 넣다
jiā táng

5) 한 번 더 '再来'

'再来'는 부사 '再(zài · 다시)'와 동사 '来(lái · 오다)'가 합쳐진 말입니다. 말 그대로 '다시 오다'의 뜻으로 쓰이기도 하고, 같은 동작이나 행위를 다시 한 번 할 때 쓰기도 합니다.

[예] **我一会儿再来。** 잠시 후 다시 오겠습니다.
Wǒ yíhuìr zài lái.

再来一杯! 한 잔 더 주세요!
Zài lái yìbēi!

再来一次! 한 번 더 합시다!
Zài lái yícì!

6) 결과보어 '完'

'喝完', '用完餐'에서 '完'은 결과보어로 동사 뒤에서 동작이 완료되었음을 나타냅니다.

[예] **喝完了。** 다 마셨어요.
Hēwán le.

吃完了。 다 먹었어요.
Chīwán le.

7) 선택의문문 '还是'

두 가지 혹은 그 이상의 선택 가능한 상황을 제시하는 의문문을 '선택의문문'이라고 합니다. 접속사 '还是(háishi)'는 영어의 'or'에 해당하며 이때 의문을 나타내는 '吗'와 함께 쓸 수 없으니 유의해야 합니다.

기본 문형: A 还是 B? (A 아니면 B)

[예] **你去中国还是韩国?** 중국에 가세요, 아니면 한국에 가세요?
Nǐ qù Zhōngguó háishi Hánguó?

8) 동사 '用'

'用(yòng)'은 '사용하다'의 뜻이지만 '用餐(yòngcān)', '慢用(mànyòng)'과 같이 식사와 관련된 맥락에서는 '吃(먹다)'의 의미를 지닙니다.

9) 구조조사 '得'

구조조사 '得(de)'는 동사 뒤에 쓰여 동작이나 상태를 평가하거나 묘사합니다.

기본 문형: 동사 + 得 + (정도부사) + 형용사

[예] **吃得(很)好。** 잘 먹었다.
Chī de (hěn) hǎo.

起得(很)晚。 늦게 일어났다.
Qǐ de (hěn) wǎn.

10) 잠시 '一会儿'

'一会儿(yíhuìr)'은 '잠시'라는 뜻으로 동사 뒤나 앞에서 시간의 짧음을 강조합니다.

[예] 一会儿见。 Yíhuìr jiàn. — 이따 만나요.

请您休息一会儿。 Qǐng nín xiūxi yíhuìr. — 잠시 쉬십시오.

11) 부가의문문 '可以吗'

서술문 끝에 단축형 의문문을 붙여 말하는 것을 '부가의문문'이라고 합니다. 상대방의 의견을 묻거나 동의를 구할 때 사용합니다.

[예] 吃鸡肉, 可以吗? Chī jīròu, kěyǐ ma? — 닭고기를 드셔도 괜찮으십니까?

飞机延误了, 是不是? Fēijī yánwù le, shìbushì? — 비행기가 지연되었나 봐요, 그렇죠?

연습문제

1. 녹음을 듣고 알맞은 대화문을 연결하세요. 연습 7

(1) ■	■ 不用了，谢谢。
(2) ■	■ 我要。
(3) ■	■ 我吃得很好。
(4) ■	■ 可以。
(5) ■	■ 我要喝橙汁。

보충 단어 **不用了** búyòng le 됐어요, 괜찮아요 | **吧** ba 조 문장의 맨 뒤에서 동의나 승낙의 어기를 나타냄

2. 다음 상황에 맞게 대화문을 완성하세요.

(1) ______________________________ 。

(오렌지 주스, 콜라, 맥주가 있습니다.)

给我啤酒。

(맥주 주세요.)

(2) ______________________________ ?

(실례합니다. 식사 다 하셨습니까?)

吃完了。

(다 먹었습니다.)

(3) ________________________ ?

(치워드릴까요?)

我还没吃完。

(아직 다 못 먹었습니다.)

보충 단어 还 hái 부 아직까지

(4) ________________________ 。

(잠시 후 다시 와서 치워드리겠습니다.
천천히 드십시오.)

好的。

(네.)

3. 다음 제시된 단어를 어순에 맞게 배열하세요.

(1) 请 / 茶 / 很 / 小心 / 烫 / 您 / , / 。

(차가 많이 뜨겁습니다. 조심하십시오.)

▶ ________________________

(2) 要 / 您 / 是 / 这 / 饮料/ 的 / 。

(말씀하신 음료입니다.)

▶ ________________________

(3) 您 / 现在 / 可以吗 / 餐食 / 为 / 提供 / , / ?

(지금 식사를 드려도 되겠습니까?)

▶ ________________________

(4) 还是 / 您 / 咖啡 / 要 / 喝 / 茶 / ？

(커피 드시겠습니까, 차 드시겠습니까?)

▶ ______________________________

4. 다음 한국어를 참고하여 다양한 문장을 만들어 보세요.

(1) ~이/가 있습니다.

我们有 + [　　　　] 和 [　　　　]。(녹차와 홍차가 있습니다.)

我们有 + [　　　　] 和 [　　　　]。(콜라와 스프라이트가 있습니다.)

我们有 + [　　　　] 和 [　　　　]。(소고기와 닭고기가 있습니다.)

(2) ~을/를 주세요.

我要 + [　　　　]。(물 주세요.)

我要 + [　　　　]。(커피 주세요.)

我要 + [　　　　]。(맥주 주세요.)

보충 단어 水 shuǐ 명 물

항공상식

기내 음료

기내에서 식사 서비스 전에 식욕을 돋우기 위한 식전 음료로 각종 주류, 청량음료 등은 물론 식사 중 소화를 돕는 고급 와인이 제공됩니다. 또한 식사 시간 외 비행 중에도 항상 승객의 요구에 따라 다양한 음료가 제공됩니다.

좌석 클래스에 따라 제공되는 음료 종류에 차이는 있으나 노선별, 등급별로 다양한 종류의 비알코올 음료와 알코올 음료가 제공됩니다.

음료 서비스는 기본적으로 식사 서비스 시점을 기준으로 식전에 식전주(酒)인 아페리티프(aperitif)를 제공하고, 식사 중에는 식사 종류에 따라 와인이나 기타 음료를 제공하며, 식후에는 커피와 차를 제공합니다.

비행 중 승객 요구에 의해 모든 음료의 제공이 가능하나, 알코올 음료의 경우에는 만취 승객이 발생하지 않도록 유의해야 합니다.

아페리티프 서비스

제8과

면세품 판매

학습목표 및 학습내용

1. 중국어로 면세품 판매 서비스를 제공할 수 있다.
2. 중국어로 화폐 단위를 말할 수 있다.

본문 8-1

기내 면세품 판매

我们在销售免税品。	면세품을 판매하고 있습니다.
您需要购买免税品吗？	면세품 구입하시겠습니까?
一个人限购一瓶酒。	면세 한도 기준은 술 한 병입니다.
请您填写免税品申请单。	면세품 신청서를 작성해 주십시오.
一共105美元。	총 105달러입니다.
您要用什么方式结算？	어떤 방식으로 결제하시겠습니까?
您要付现金还是刷卡？	현금으로 하시겠습니까, 카드로 하시겠습니까?
我们接受人民币、韩元和美元。	위안화, 원화, 달러로 결제하실 수 있습니다.
我帮您结账。要分期付款吗？	결제해 드리겠습니다. 할부하시겠습니까?
请您在这里签名。	여기에 서명해 주십시오.
这是您的收据和信用卡。	영수증과 신용카드 드리겠습니다.

본문 8-2

품절 안내/구매 예약

很抱歉，您要的商品已经卖光了。	죄송합니다. 주문하신 상품은 모두 판매되었습니다.
麻烦您填写一下预订单。	번거로우시겠지만 예약 주문 신청서를 작성해 주십시오.

본문 8-3

환승 승객 면세품 구매

请问，您的最终目的地是哪里？	실례합니다만 최종 목적지가 어디십니까?

请问, 您要转机吗？

실례합니다만 환승하십니까?

按照转机规定,
不能携带超过100毫升的液体。

환승 규정에 따라 100ml가 넘는 액체류는 휴대하실 수 없습니다.

我会把您购买的商品和收据
放在透明袋里。

구매하신 상품과 영수증을 투명 봉투에 넣어 드리겠습니다.

到目的地前, 请不要拆开。

목적지에 도착하시기 전까지 봉투를 열지 마십시오.

본문 8-4

선결제 예약 상품 전달

您好! 您是○○○先生吗？

안녕하십니까? ○○○ 손님이십니까?

这是您预购的免税品。

예약 구매하신 면세품을 드립니다.

您一共购买了两个商品。

총 두 가지 상품 구입하셨습니다.

请您确认一下商品。

상품을 확인해 주십시오.

1 기내 면세품 판매

我们在销售免税品。
Wǒmen zài xiāoshòu miǎnshuìpǐn.
면세품을 판매하고 있습니다.

您需要购买免税品吗？
Nín xūyào gòumǎi miǎnshuìpǐn ma？
면세품 구입하시겠습니까?

一个人限购一瓶酒。
Yí ge rén xiàngòu yì píng jiǔ.
면세 한도 기준은 술 한 병입니다.

请您填写免税品申请单。
Qǐng nín tiánxiě miǎnshuìpǐn shēnqǐngdān.
면세품 신청서를 작성해 주십시오.

一共105美元。
Yígòng yìbǎilíngwǔ měiyuán.
총 105달러입니다.

您要用什么方式结算？
Nín yào yòng shénme fāngshì jiésuàn？
어떤 방식으로 결제하시겠습니까?

您要付现金还是刷卡？
Nín yào fù xiànjīn háishi shuākǎ？
현금으로 하시겠습니까,
카드로 하시겠습니까?

我们接受人民币、韩元和美元。
Wǒmen jiēshòu Rénmínbì, Hányuán hé Měiyuán.
위안화, 원화, 달러로 결제하실 수 있습니다.

我帮您结账。要分期付款吗？
Wǒ bāng nín jiézhàng. Yào fēnqī fùkuǎn ma？
결제해 드리겠습니다. 할부하시겠습니까?

请您在这里签名。
Qǐng nín zài zhèlǐ qiānmíng.
여기에 서명해 주십시오.

这是您的收据和信用卡。
Zhè shì nín de shōujù hé xìnyòngkǎ.
영수증과 신용카드 드리겠습니다.

단어와 구(词&短语)

销售 xiāoshòu 동 판매하다 | **免税品** miǎnshuìpǐn 명 면세품 | **购买** gòumǎi 동 구입하다 | **个** ge 양 개, 명. 명사를 두루 셀 때 쓰는 양사 | **人** rén 명 사람 | **限购** xiàngòu 동 구입을 제한하다 | **瓶** píng 양 병. 병으로 된 음료를 세는 양사 | **酒** jiǔ 명 술 | **填写** tiánxiě 동 작성하다 | **申请单** shēnqǐngdān 명 신청서 | **一共** yígòng 부 모두 | **美元** Měiyuán 명 미국 달러 | **方式** fāngshì 명 방식 | **结算** jiésuàn 동 결제하다 | **付** fù 동 지불하다 | **现金** xiànjīn 명 현금 | **刷** shuā 동 긁다 | **卡** kǎ 명 카드 | **接受** jiēshòu 동 받아들이다 | **人民币** Rénmínbì 명 위안화 | **韩元** Hányuán 명 원화 | **结账** jiézhàng 동 결제하다 | **分期付款** fēnqī fùkuǎn 할부 | **付款** fùkuǎn 동 돈을 지불하다 | **签名** qiānmíng 동 서명하다 | **收据** shōujù 명 영수증 | **信用卡** xìnyòngkǎ 명 신용카드

2 품절 안내/구매 예약

很抱歉,
您要的商品已经卖光了。

Hěn bàoqiàn,
nín yào de shāngpǐn yǐjīng màiguāng le.

죄송합니다. 주문하신 상품은 모두 판매되었습니다.

麻烦您填写一下预订单。

Máfan nín tiánxiě yíxià yùdìngdān.

번거로우시겠지만 예약 주문 신청서를 작성해 주십시오.

단어와 구(词&短语)

商品 shāngpǐn 명 상품 | **卖** mài 동 팔다 | **光** guāng 형 전혀 없다. 동사 뒤에서 하나도 남지 않음을 나타냄
预订单 yùdìngdān 명 예약 주문 신청서

3 환승 승객 면세품 구매

请问，您的最终目的地是哪里？ 실례합니다만 최종 목적지가 어디십니까?

Qǐng wèn, nín de zuìzhōng mùdìdì shì nǎlǐ?

请问，您要转机吗？ 실례합니다만 환승하십니까?

Qǐng wèn, nín yào zhuǎnjī ma?

按照转机规定，
不能携带超过100毫升的液体。

환승 규정에 따라
100ml가 넘는 액체류는 휴대하실 수 없습니다.

Ànzhào zhuǎnjī guīdìng,
bùnéng xiédài chāoguò yìbǎi háoshēng de yètǐ.

我会把您购买的商品和收据
放在透明袋里。

구매하신 상품과 영수증을
투명 봉투에 넣어 드리겠습니다.

Wǒ huì bǎ nín gòumǎi de shāngpǐn hé shōujù
fàngzài tòumíngdài lǐ.

到目的地前，请不要拆开。 목적지에 도착하시기 전까지 봉투를 열지 마십시오.

Dào mùdìdì qián, qǐng búyào chāikāi.

단어와 구(词&短语)

最终 zuìzhōng 명 최종 | **转机** zhuǎnjī 동 비행기를 갈아타다 | **按照** ànzhào 전 ~에 따라 | **规定** guīdìng 명 규정 | **携带** xiédài 동 휴대하다 | **毫升** háoshēng 양 밀리리터, ml | **液体** yètǐ 명 액체 | **透明袋** tòumíngdài 명 투명 봉투

4 선결제 예약 상품 전달

您好! 您是○○○先生吗？
Nín hǎo! Nín shì ○○○ xiānsheng ma？

안녕하십니까? ○○○ 손님이십니까?

这是您预购的免税品。
Zhè shì nín yùgòu de miǎnshuìpǐn.

예약 구매하신 면세품을 드립니다.

您一共购买了两个商品。
Nín yígòng gòumǎi le liǎng ge shāngpǐn.

총 두 가지 상품 구입하셨습니다.

请您确认一下商品。
Qǐng nín quèrèn yíxià shāngpǐn.

상품을 확인해 주십시오.

단어와 구(词&短语)

预购 yùgòu 동 예약 구매하다

TIP 주요 통화 명칭

한국 원화(KRW)	**韩元** Hányuán	미국 달러(USD)	**美元** Měiyuán
중국 위안화(RMB)	**人民币** Rénmínbì	일본 엔(JPY)	**日元** Rìyuán
유럽 유로(EUR)	**欧元** Ōuyuán	영국 파운드(GBP)	**英镑** Yīngbàng
홍콩 달러(HKD)	**港元** Gǎngyuán	대만 달러(TWD)	**新台币** Xīntáibì
캐나다 달러(CAD)	**加元** Jiāyuán	호주 달러(AUD)	**澳元** Àoyuán

학습 포인트

1) 양사 '瓶'

한국어에서 양말 한 켤레, 젓가락 한 쌍처럼 명사를 세는 단위를 '분류사'라고 합니다. 중국어에도 이와 같은 품사로 '양사(量词 · liàngcí)'가 있으며 수사와 명사 사이에 위치합니다. 중국어는 양사가 발달한 언어이기 때문에 명사를 익힐 때 관련 양사를 함께 외워두면 자연스러운 중국어 구사에 도움이 됩니다.

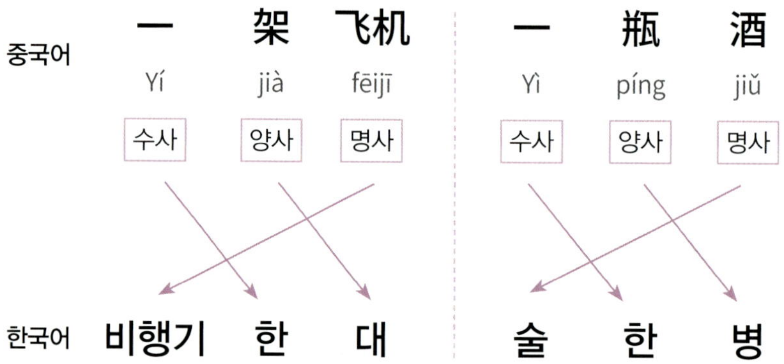

2) 화폐 단위

면세품 가격이나 결제된 금액을 말할 때 금액 뒤에 통화 명칭을 붙여서 말하면 됩니다. 단, 원화(KRW)일 때는 '~韩元(Hányuán)', 위안화(RMB)일 때는 '~元(yuán)'이나 '人民币 ~元(Rénmínbì ~yuán)'으로 말합니다.

[예] 88,000원(KRW) → 八万八千韩元
bāwàn bāqiān Hányuán

660위안(RMB) → 六百六十元
liùbǎi liùshí yuán

人民币六百六十元
Rénmínbì liùbǎi liùshí yuán

3) 신용카드 명칭

요즘은 기내 면세품 구매 시 대부분 승객이 신용카드로 결제합니다. 기내에서 결제 가능한 신용카드 안내를 위해 카드 종류를 중국어로 익혀 봅시다.

비자카드	**维萨卡** wéisà kǎ	마스터카드	**万事达卡** wànshìdá kǎ
체크카드	**借记卡** jièjì kǎ	은련카드	**银联卡** yínlián kǎ

4) 카드 결제 기본 회화

A: **我要用信用卡。** 신용카드로 하겠습니다.
Wǒ yào yòng xìnyòngkǎ.

B: **您要分期付款还是一次性付款？** 할부로 하시겠습니까, 일시불로 하시겠습니까?
Nín yào fēnqī fùkuǎn háishi yícìxìng fùkuǎn?

A: **我要分期付款。** 할부로 하겠습니다.
Wǒ yào fēnqī fùkuǎn.

B: **要分几个月？** 몇 개월로 하시겠습니까?
Yào fēn jǐ ge yuè?

A: **两个月。** 2개월로 해주세요.
liǎng ge yuè.

B: **好的。** 알겠습니다.
Hǎo de.

보충 단어 **一次性付款** yícìxìng fùkuǎn 일시불 | **几个月** jǐ ge yuè 몇 개월

5) 다음자 '的'

'的'는 종속이나 수식 관계를 나타내는 구조조사일 때는 'de'로 발음하지만, 'dī', 'dí', 'dì'로 발음하기도 합니다.

[예] **最大的机场** 가장 큰 공항
zuìdà de jīchǎng

的士 dīshì	택시
的确 díquè	확실히
目的 mùdì	목적

보충 단어 **机场** jīchǎng 명 공항

6) 완료 표지 '了'

동사 뒤에 오는 조사 '了'는 어떤 동작이 이미 완료되었음을 나타냅니다. 완료상의 부정은 '没(有)'를 쓰고 동사 뒤에 '了'를 쓰지 않음을 유의해야 합니다.

[예] **他上了飞机。** Tā shàng le fēijī.	그는 비행기에 탔습니다.
他没有上飞机。 Tā méiyǒu shàng fēijī.	그는 비행기에 타지 않았습니다.

보충 단어 **上飞机** shàng fēijī 비행기를 타다

7) 중국어 숫자 세기 ②

100 **一百** yìbǎi	120 **一百二十** yìbǎi èrshí	200 **二百 / 两百** èrbǎi / liǎngbǎi	300 **三百** sānbǎi	400 **四百** sìbǎi	500 **五百** wǔbǎi
1,000 **一千** yìqiān	2,000 **两千** liǎngqiān	10,000 **一万** yíwàn	20,000 **两万** liǎngwàn	100,000 **十万** shíwàn	200,000 **二十万** èrshíwàn

숫자 0 읽는 법

① 0은 '**零**(líng)'으로 읽습니다.

② 1001과 같이 천 단위 이상의 수에서 0이 연이어서 나올 경우 '**零零**'으로 읽지 않고 '**零**'을 한 번만 읽습니다. 따라서 10001도 '**一万零一**(yíwàn líng yī)'로 읽습니다.

③ 백 단위 이상의 수에서 0이 뒤에 붙을 경우 마지막 숫자의 단위를 생략할 수 있습니다. 110의 경우 '**一百一十**(yìbǎi yìshí)'으로 읽거나 십 단위를 생략하고 '**一百一**(yìbǎi yī)'로 읽을 수 있습니다. 11000은 '**一万一千**(yíwàn yìqiān)'으로 읽거나 천 단위를 생략하고 '**一万一**(yíwàn yī)'로 읽을 수 있습니다.

101	一百零一 yìbǎi líng yī	110	一百一十 yìbǎi yìshí 一百一 yìbǎi yī
1001	一千零一 yìqiān líng yī	1100	一千一百 yìqiān yìbǎi 一千一 yìqiān yī
10001	一万零一 yíwàn líng yī	11000	一万一千 yíwàn yìqiān 一万一 yíwàn yī

숫자 2 읽는 법

숫자 2는 '**二**(èr)'로 읽지만 '**两**(liǎng)'으로 읽기도 합니다. 하지만 '**二**'은 단독으로 말할 수 있는 반면, '**两**'은 단독으로 말할 수 없습니다.

① 숫자 2 뒤에 양사가 올 경우 '**二**'이 아닌 '**两**'으로 읽습니다.

[예] **两个人** 두 사람
liǎng ge rén

② 도량형을 나타내는 명사 앞에서는 '**二**'과 '**两**'을 혼용합니다.

[예] **二米** 2m
èrmǐ

两米 2m
liǎngmǐ

③ 서수에서는 '**二**'을 사용합니다.

[예] **第二课** 제2과
dì èr kè

④ 시간을 나타낼 때는 '**两**'을 사용합니다.

[예] **两点** 2시
liǎng diǎn

⑤ 숫자 백 단위에서는 '**二**'과 '**两**'을 혼용하고 천이나 만 단위에서는 '**两**'을 사용합니다.

[예] 200 èrbǎi 혹은 liǎngbǎi
2000 liǎngqiān
20000 liǎngwàn

2	**二** èr **两** liǎng	12	**十二** shí'èr
20	**二十** èrshí	200	**二百** èrbǎi **两百** liǎngbǎi
220	**二百二十** èrbǎi èrshí **两百二十** liǎngbǎi èrshí **两百二** liǎngbǎi èr	202	**二百零二** èrbǎi líng èr **两百零二** liǎngbǎi líng èr
2200	**两千二百** liǎngqiān èrbǎi **两千两百** liǎngqiān liǎngbǎi **两千二** liǎngqiān èr	2002	**两千零二** liǎngqiān líng èr
22000	**两万两千** liǎngwàn liǎngqiān **两万二** liǎngwàn èr	20002	**两万零二** liǎngwàn líng èr

연습문제

1. 녹음을 듣고 알맞은 대화문을 연결하세요. 연습 8

(1) ■ ■ 谢谢。

(2) ■ ■ 我要刷卡。

(3) ■ ■ 这瓶酒105美元。

(4) ■ ■ 是的，我要转机。

(5) ■ ■ 有。请稍等，我马上拿给您。

보충 단어 **化妆品** huàzhuāngpǐn 명 화장품 | **多少钱** duōshaoqián 얼마예요

2. 다음 상황에 맞게 대화문을 완성하세요.

(1) ________________________ ?

(면세품 구입하시겠습니까?)

我想买烟。

(담배를 사고 싶어요.)

보충 단어 **买** mǎi 동 사다 | **烟** yān 명 담배

(2) ________________________ 。

(여기에 서명해 주십시오.)

好的。

(네.)

(3) ________________________________ 。

(상품을 확인해 주십시오.)

好的，谢谢。

(네, 감사합니다.)

(4) ________________________________ 。

(목적지에 도착하시기 전까지 봉투를 열지 마십시오.)

好的。

(알겠습니다.)

3. 다음 제시된 단어를 어순에 맞게 배열하세요.

(1) 105 / 美元 / 一共 / 。

(총 105달러입니다.)

▶ ________________________________

(2) 销售 / 我们 / 免税品 / 在 / 。

(면세품을 판매하고 있습니다.)

▶ ________________________________

(3) 付 / 您 / 刷卡 / 要 / 现金 / 还是 / ？

(현금으로 하시겠습니까, 카드로 하시겠습니까?)

▶ ________________________________

(4) 您 / 是 / 这 / 免税品 / 预购 / 的 / 。

(예약 구매하신 면세품을 드립니다.)

▶ ______________________________

4. 다음 한국어를 참고하여 다양한 문장을 만들어 보세요.

(1) 번거로우시겠지만~

麻烦您 + [ ]。(번거로우시겠지만 작성해 주십시오.)

麻烦您 + [ ]。(번거로우시겠지만 테이블을 접어 주십시오.)

麻烦您 + [ ]。(번거로우시겠지만 좌석 등받이를 세워 주십시오.)

(2) ~하지 마십시오.

请不要 + [ ]。(뜯지 마십시오.)

请不要 + [ ]。(휴대전화를 사용하지 마십시오.)

请不要 + [ ]。(스크린을 만지지 마십시오.)

항공상식

액체류 면세품을 소지하고 탑승 시 유의사항

액체류의 항공기 기내 반입 규정이 까다롭지만 면세점에서 산 면세품의 경우 100ml가 넘어도 구매 후 기내로 반입할 수 있습니다. 이는 면세점 물품의 경우 이미 보안 검색을 마친 후 반입되어 승객에게 전달되기 때문입니다.

하지만 면세점에서 구매한 액체류는 목적지에 도착할 때까지 인도받은 그대로 밀봉되어 있어야 합니다. 면세품은 밀봉된 채로 유지되었는지를 확인하기 위해 ICAO(International Civil Aviation Organization, 국제민간항공기구)에서 정한 기술 기준에 적법하게 제조된 보안 밀봉 봉투에 포장되어 인도됩니다. 이 봉투를 STEB(Security Tamper-Evident Bag)이라고 하는데 개봉했을 때에는 흔적이 남도록 제작되어 운송 또는 휴대 도중 개봉했는지 여부를 알 수 있습니다.

보안 검색 시 STEB이 밀봉되어 있고 구입 당시 받은 영수증이 STEB 내에 들어 있는 상태가 육안으로 확인되어야 기내 반입이 가능합니다.

STEB

제9과

입국 서류

학습목표 및 학습내용

1. 중국어로 입국 서류를 제공할 수 있다.
2. 중국어로 입국 서류 작성 안내를 할 수 있다.

본문 9-1

입국신고서

您好，这是入境卡。	손님, 입국신고서 드리겠습니다.
这是健康状态调查表。	건강상태 질문서 드리겠습니다.
您是哪国人？	국적이 어디십니까?
您要填写入境卡。	입국신고서를 작성하셔야 합니다.
您不用填写入境卡。	입국신고서를 작성하지 않으셔도 됩니다.
每位乘客都需要填写入境卡。	모든 승객은 입국신고서를 개인당 작성하셔야 합니다.
您需要我帮您填写入境卡吗？	입국신고서 작성하시는 데 도움이 필요하십니까?
您需要笔吗？	펜 필요하십니까?
请给我您的护照。	손님의 여권을 주십시오.

본문 9-2

세관신고서

这是海关申报单。	세관신고서 드리겠습니다.
所有乘客都要填写海关申报单。	모든 승객은 세관신고서를 작성하셔야 합니다.
只要填写海关申报单就可以了。	세관신고서만 작성하시면 됩니다.

海关申报单一家写一张。	세관신고서는 가족당 한 장씩 작성하시면 됩니다.
您有申报的东西吗？	신고하실 물건이 있으십니까?
没有申报的东西 也要填写海关申报单。	신고하실 물건이 없어도 세관신고서는 작성하셔야 합니다.
中转的旅客也要填写海关申报单。	환승하시는 경우에도 세관신고서를 작성하셔야 합니다.
请用中文或英文填写。	중문이나 영문으로 작성해 주십시오.
请用大写英文字母填写。	영어 대문자로 작성해 주십시오.
可以重新填写吗？	다시 작성해 주시겠습니까?
我马上拿给您。	곧 가져다 드리겠습니다.

1 입국신고서

您好，这是入境卡。 손님, 입국신고서 드리겠습니다.
Nín hǎo, zhè shì rùjìngkǎ.

这是健康状态调查表。 건강상태 질문서 드리겠습니다.
Zhè shì jiànkāng zhuàngtài diàochábiǎo.

您是哪国人？ 국적이 어디십니까?
Nín shì nǎguórén？

您要填写入境卡。 입국신고서를 작성하셔야 합니다.
Nín yào tiánxiě rùjìngkǎ.

您不用填写入境卡。 입국신고서를 작성하지 않으셔도 됩니다.
Nín búyòng tiánxiě rùjìngkǎ.

每位乘客都需要填写入境卡。 모든 승객은 입국신고서를 개인당 작성하셔야 합니다.
Měi wèi chéngkè dōu xūyào tiánxiě rùjìngkǎ.

您需要我帮您填写入境卡吗？ 입국신고서 작성하시는 데 도움이 필요하십니까?
Nín xūyào wǒ bāng nín tiánxiě rùjìngkǎ ma？

您需要笔吗？ 펜 필요하십니까?
Nín xūyào bǐ ma？

请给我您的护照。 손님의 여권을 주십시오.
Qǐng gěi wǒ nín de hùzhào.

단어와 구(词&短语)

入境卡 rùjìngkǎ 명 입국신고서 | **健康状态调查表** jiànkāng zhuàngtài diàochábiǎo 명 건강상태 질문서 | **哪** nǎ 대 어느 | **国** guó 명 나라 | **填写** tiánxiě 동 기입하다 | **每** měi 대 매, ~마다(모두) | **位** wèi 양 명, 분. 사람을 셀 때 존중을 표하는 양사 | **笔** bǐ 명 펜, 붓

2 세관신고서

这是海关申报单。 세관신고서 드리겠습니다.

Zhè shì hǎiguān shēnbàodān.

所有乘客都要填写海关申报单。 모든 승객은 세관신고서를 작성하셔야 합니다.

Suǒyǒu chéngkè dōu yào tiánxiě hǎiguān shēnbàodān.

只要填写海关申报单就可以了。 세관신고서만 작성하시면 됩니다.

Zhǐyào tiánxiě hǎiguān shēnbàodān jiù kěyǐ le.

海关申报单一家写一张。 세관신고서는 가족당 한 장씩 작성하시면 됩니다.

Hǎiguān shēnbàodān yìjiā xiě yìzhāng.

您有申报的东西吗？ 신고하실 물건이 있으십니까?

Nín yǒu shēnbào de dōngxi ma？

没有申报的东西
也要填写海关申报单。 신고하실 물건이 없어도
세관신고서는 작성하셔야 합니다.

Méiyǒu shēnbào de dōngxi
yě yào tiánxiě hǎiguān shēnbàodān.

中转的旅客也要填写海关申报单。 환승하시는 경우에도 세관신고서를
작성하셔야 합니다.

Zhōngzhuǎn de lǚkè yě yào tiánxiě
hǎiguān shēnbàodān.

请用中文或英文填写。 중문이나 영문으로 작성해 주십시오.

Qǐng yòng Zhōngwén huò Yīngwén tiánxiě.

请用大写英文字母填写。 영어 대문자로 작성해 주십시오.

Qǐng yòng dàxiě Yīngwén zìmǔ tiánxiě.

可以重新填写吗？ 다시 작성해 주시겠습니까?

Kěyǐ chóngxīn tiánxiě ma？

我马上拿给您。 곧 가져다 드리겠습니다.

Wǒ mǎshàng ná gěi nín.

단어와 구(词&短语)

海关申报单 hǎiguān shēnbàodān 명 세관신고서 | **所有** suǒyǒu 형 모든 | **乘客** chéngkè 명 승객 **都** dōu 부 모두 | **只要** zhǐyào 접 ~하기만 하면 | **一家** yìjiā 명 한 집 | **一张** yìzhāng 명 한 장 | **申报** shēnbào 동 신고하다 | **东西** dōngxi 명 물건 | **也** yě 부 또한 | **中转** zhōngzhuǎn 동 환승하다 | **或** huò 접 혹은 | **大写** dàxiě 명 대문자 | **英文字母** Yīngwén zìmǔ 명 로마자 알파벳 | **重新** chóngxīn 부 다시

TIP 다양한 국가 명칭

韩国 Hánguó 한국

中国 Zhōngguó 중국

日本 Rìběn 일본

美国 Měiguó 미국

英国 Yīngguó 영국

加拿大 Jiānádà 캐나다

德国 Déguó 독일

法国 Fǎguó 프랑스

俄罗斯 Éluósī 러시아

澳大利亚 Àodàlìyà 호주

泰国 Tàiguó 태국

新加坡 Xīnjiāpō 싱가포르

학습 포인트

1) 의문대명사 '哪'

의문대명사 '哪'는 '어느'라는 뜻으로 '哪国人'은 한자 그대로 '어느+나라+사람'을 의미합니다. 국적을 물어볼 때 쓰는 표현입니다.

[예] **他是哪国人?** 그는 어느 나라 사람입니까?
Tā shì nǎguórén?

2) 조동사 '要'

'要'는 동사일 때 '원하다', '필요하다'라는 뜻으로 바람이나 계획을 나타내며, 조동사일 때는 '~하려 하다', '~해야 한다'라는 뜻으로 소망이나 의지를 나타냅니다.

A: **您要什么?** (동사) 무엇이 필요하십니까?
Nín yào shénme?

B: **我要水。** 물 주세요.
Wǒ yào shuǐ.

A: **您要喝什么?** (조동사) 음료는 무엇으로 드시겠습니까?
Nín yào hē shénme?

B: **我要喝橙汁。** 오렌지 주스를 마시고 싶어요.
Wǒ yào hē chéngzhī.

3) 대명사 '每'

대명사 '每'는 전체를 구성하는 것 중 하나의 개체를 뜻하지만 사실은 구성되는 전체를 의미합니다. '每个人'은 '대명사 + 양사 + 명사'로 이루어진 단어로 '사람마다'라는 뜻이며 '모든 사람'을 일컫습니다. '모두'의 뜻을 지닌 부사 '都(dōu)'와 함께 씁니다.

[예] **我每天都乘坐机场大巴。** 저는 매일 공항 리무진을 탑니다.
Wǒ měitiān dōu chéngzuò jīchǎng dàbā.

보충 단어 **每天** měitiān 명 매일 | **乘坐** chéngzuò 동 탑승하다 | **大巴** dàbā 명 대형 버스

4) 양사 '位'

사람을 세는 양사로는 '个(gè)', '名(míng)', '位(wèi)', '人(rén)'이 있습니다. '个'가 보편적이긴 하나 정식적인 표현은 '名', 존칭하고자 할 때는 '位'를 사용합니다. 그리고 문어체이거나 인원수가 많을 때는 '个'를 생략하고 명사 '人'으로 쓰기도 합니다.

[예] 一个人 한 사람
yí ge rén

两名韩国人 한국인 두 명
liǎng míng Hánguórén

三位贵宾 귀빈 세 분
sān wèi guìbīn

180人 180명
yìbǎi bāshí rén

5) 형용사 '所有'

형용사 '所有'는 '모든'이라는 뜻으로 범위를 나타내는 부사 '都'와 함께 사용합니다.

[예] 所有旅客都要系好安全带。 모든 승객은 좌석벨트를 착용해야 합니다.
Suǒyǒu lǚkè dōu yào jìhǎo ānquándài.

6) 충분 조건 '只要A, 就B'

'只要A, 就B'는 '오직 ~하기만 하면 ~하다'의 뜻으로 '只要' 뒤에는 필요한 조건, '就' 뒤에는 조건을 만족하면 나타나는 결과가 나옵니다.

[예] 只要是本国人, 就不用填写入境卡。 자국민이라면 입국신고서를 쓰지 않아도 됩니다.
Zhǐyào shì běnguórén, jiù búyòng tiánxiě rùjìngkǎ.

보충 단어 本国人 běnguórén 명 자국민

TIP 중국 입국신고서 작성법

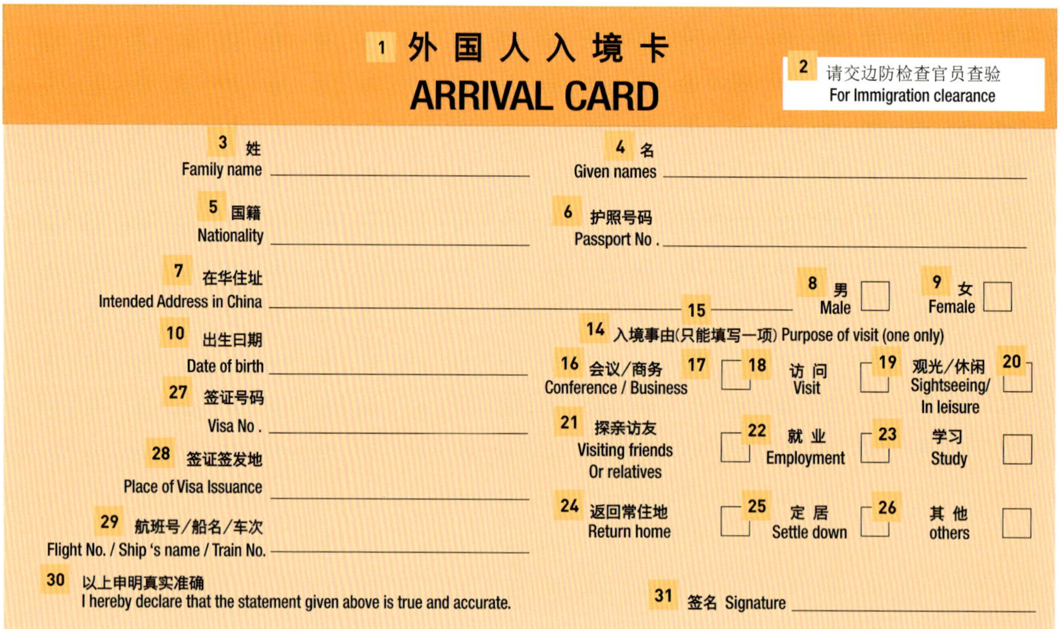

1 外国人入境卡
ARRIVAL CARD

2 请交边防检查官员查验
For Immigration clearance

3 姓 Family name ______
4 名 Given names ______
5 国籍 Nationality ______
6 护照号码 Passport No. ______
7 在华住址 Intended Address in China ______ 15 ______
8 男 Male ☐
9 女 Female ☐
10 出生日期 Date of birth ______
14 入境事由(只能填写一项) Purpose of visit (one only)
16 会议/商务 Conference / Business 17 ☐
18 访问 Visit ☐
19 观光/休闲 Sightseeing/ In leisure 20 ☐
27 签证号码 Visa No. ______
21 探亲访友 Visiting friends Or relatives ☐
22 就业 Employment ☐
23 学习 Study ☐
28 签证签发地 Place of Visa Issuance ______
24 返回常住地 Return home ☐
25 定居 Settle down ☐
26 其他 others ☐
29 航班号/船名/车次 Flight No. / Ship 's name / Train No. ______
30 以上申明真实准确
I hereby declare that the statement given above is true and accurate.
31 签名 Signature ______

	중국어	한어병음	한국어
1	外国人入境卡	wàiguórén rùjìngkǎ	외국인 입국신고서
2	请交边防检查官员查验	qǐng jiāo biānfáng jiǎnchá guānyuán cháyàn	출입국 검사관에게 제출하여 검사를 받으십시오
3	姓	xìng	성
4	名	míng	이름
5	国籍	guójí	국적
6	护照号码	hùzhào hàomǎ	여권번호
7	在华住址	zàihuá zhùzhǐ	중국 체류지 주소
8	男	nán	남
9	女	nǚ	여
10	出生日期	chūshēng rìqī	생년월일
11	年	nián	년
12	月	yuè	월
13	日	rì	일
14	入境事由	rùjìng shìyóu	입국 사유

15	**只能填写一项**	zhǐ néng tiánxiě yíxiàng	한 항목만 기입 가능
16	**会议**	huìyì	회의
17	**商务**	shāngwù	비즈니스
18	**访问**	fǎngwèn	방문
19	**观光**	guānguāng	관광
20	**休闲**	xiūxián	휴식
21	**探亲访友**	tànqīnfǎngyǒu	친척 · 친구 방문
22	**就业**	jiùyè	취업
23	**学习**	xuéxí	학업
24	**返回常住地**	fǎnhuí chángzhùdì	상주지 복귀
25	**定居**	dìngjū	거주
26	**其他**	qítā	기타
27	**签证号码**	qiānzhèng hàomǎ	비자번호
28	**签证签发地**	qiānzhèng qiānfādì	비자 발급지
29	**航班号/航名/车次**	hángbānhào/hángmíng/chēcì	항공편명
30	**以上申请真实准确**	yǐshàng shēnqǐng zhēnshí zhǔnquè	이상 작성 내용은 사실에 부합합니다
31	**签名**	qiānmíng	서명

※ 11~13번은 입국신고서에는 명시되어 있지 않지만 생년월일을 적을 때 필수사항입니다.

연습문제

1. 녹음을 듣고 알맞은 대화문을 연결하세요. 연습 9

(1) ■	■ 海关申报单一家写一张。
(2) ■	■ 谢谢。
(3) ■	■ 我是中国人。
(4) ■	■ 可以，请给我您的护照。
(5) ■	■ 有，给您。

2. 다음 상황에 맞게 대화문을 완성하세요.

(1) ______________________________ ?

(입국신고서 필요하십니까?)

请给我两张。

(두 장 주세요.)

보충 단어 **两张** liǎngzhāng 두 장

(2) 我是中国人。要填写入境卡吗？

(중국인인데 입국신고서를 써야 하나요?)

______________________________ 。

(손님께서는 입국신고서를 안 쓰셔도 됩니다.)

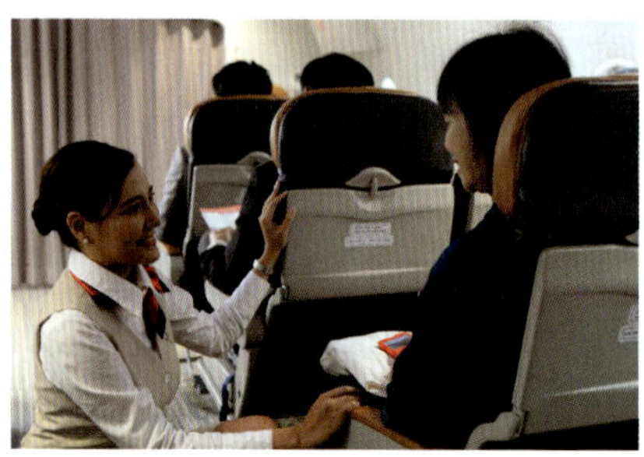

(3) 小姐，我要填写海关申报单吗？

(아가씨, 세관신고서를 써야 하나요?)

______________________________。

(모든 승객은 세관신고서를 작성하셔야 합니다.)

(4) ______________________________？

(입국신고서 작성하시는 데 도움이 필요하십니까?)

好的，谢谢你。

(좋아요. 고맙습니다.)

3. 다음 제시된 단어를 어순에 맞게 배열하세요.

(1) 需要 / 您 / 吗 / 笔 / ？

(펜 필요하십니까?)

▶ ______________________________

(2) 申报 / 的 / 您 / 有 / 吗 / 东西 / ？

(신고하실 물건이 있으십니까?)

▶ ______________________________

(3) 填写 / 需要 / 每 / 乘客 / 位 / 入境卡 / 都 / 。

(모든 승객은 입국신고서를 개인당 작성하셔야 합니다.)

▶ ______________________________

(4) 可以 / 海关申报单 / 就 / 只要 / 填写 / 了 / 。

(세관신고서만 작성하시면 됩니다.)

▶ ______________________________

4. 다음 한국어를 참고하여 다양한 문장을 만들어 보세요.

(1) ~이/가 있나요?

有 + [ ] + 吗？(펜 있나요?)

有 + [ ] + 吗？(중국인 승무원 있나요?)

有 + [ ] + 吗？(신고하실 물건이 있으십니까?)

(2) ~을/를 주십시오.

请给我 + [ ]。(입국신고서 주세요.)

请给我 + [ ]。(세관신고서 주세요.)

请给我 + [ ]。(손님의 여권을 주십시오.)

항공상식

여권과 비자

여권은 외국을 여행하는 국민에게 정부가 발급하는 증명 서류로 해외 여행 시 가장 기본이 되는 입국 서류입니다. 국가가 발행하는 국적 증명서인 여권은 외국에서는 여행자의 신분을 증명하고 해외 출국의 가능을 인정받았음을 증명하는 역할을 합니다.

한국의 여권 종류는 발급 대상에 따라 일반여권, 관용여권, 외교관여권이 있으며 사용 횟수에 따라 구분됩니다. 또한 2008년부터 전자여권을 발급하고 있습니다.

여권은 종류에 따라 그 효력도 달라집니다. 예를 들어 어떤 국가에 입국 시 일반여권 소지자는 비자가 필요하지만 관용여권 소지자는 무비자로 입국이 가능합니다. 국가에 따라 입국 시 여권의 유효기간을 확인하는 경우가 있으니 출국 전에 만료일을 반드시 확인해야 합니다.

비자는 방문하는 국가의 입국 허가서로 그 나라의 재외 공관에서 발급합니다. 원칙적으로 국가 간 이동을 위해서는 비자가 필요하지만, 몇 가지 조건에 의해서 비자가 면제되는 경우도 있습니다.

비자는 여권의 사증란에 부착하거나 전자정보로 입력되는 등 다양한 형태로 발급됩니다. 다만, 발급 시 해당 국가를 방문하는 목적에 따라 서로 다른 유형으로 발급되며 입국 목적에 맞는 비자를 발급받아 입국해야 합니다.

일반여권

관용여권

외교관여권

제10과

승객 휴식

학습목표 및 학습내용

1. 중국어로 승객 휴식을 도울 수 있다.
2. 중국어로 환자 승객을 도울 수 있다.

본문 10-1

기내 정숙

为了不影响其他乘客, 可以调低一点声量吗?	다른 승객들을 위해 볼륨을 조금 줄여 주시겠습니까?
不好意思, 为了不影响其他乘客休息, 请安静一下, 可以吗?	죄송합니다만 다른 승객들의 휴식을 위해 조금만 조용히 해 주시겠습니까?
不好意思, 可以回到座位吗?	실례합니다만 좌석으로 돌아가 주시겠습니까?
这里是紧急出口, 请不要在这里聚集。	이곳은 비상구입니다. 모여 있지 마십시오.
没有得到同意, 拍摄乘客(乘务员) 是侵犯肖像权的。	동의 없이 승객(승무원)을 촬영하는 행위는 초상권 침해에 해당합니다.
请停止拍摄并删除 已拍的相片和视频。	촬영은 중단해 주시고 촬영하신 사진이나 영상물은 삭제해 주십시오.
您好像喝得有点多, 休息一会儿, 怎么样?	손님, 술을 좀 많이 드신 것 같은데 잠시 쉬시는 건 어떠신가요?
我给您拿冰水。	얼음물을 가져다 드리겠습니다.

본문 10-2

승객 개별 요청 응대

请问, 有什么需要帮忙的?	무엇을 도와드릴까요?

본문 10-3

승객 요청 업무 완료

我可以关呼唤铃吗？	호출 버튼을 꺼 드려도 되겠습니까?
我去确认一下还有没有毛毯。	담요가 있는지 확인해 드리겠습니다.
很抱歉, 毛毯已经没有了。	죄송합니다. 담요는 전부 서비스되었습니다.
我去调高一点客舱温度。	객실 온도를 높여 드리겠습니다.
飞机偶尔会颠簸, 请您全程系好安全带。	비행기가 가끔 흔들릴 수 있으니 항시 좌석벨트를 착용해 주십시오.

본문 10-4

환자 승객 응대

先生，您哪里不舒服？	손님, 어디 불편하십니까?
现在好一点了吗？	지금은 괜찮으십니까?
需要为您叫医生吗？	의사를 불러 드릴까요?
您有平时服用的药吗？	평소 복용하시는 약이 있으십니까?
祝您早日康复。	빨리 나아지시길 바랍니다.
如果有什么需要，请随时呼叫乘务员。	도움이 필요하시면 언제든지 승무원을 찾아주십시오.

1 기내 정숙

为了不影响其他乘客，
可以调低一点声量吗？
Wèile bù yǐngxiǎng qítā chéngkè,
kěyǐ tiáodī yìdiǎn shēngliàng ma？

다른 승객들을 위해
볼륨을 조금 줄여 주시겠습니까?

不好意思，为了不影响其他乘客休息，
请安静一下，可以吗？
Bùhǎoyìsi, wèile bù yǐngxiǎng qítā chéngkè xiūxi,
qǐng ānjìng yíxià, kěyǐ ma？

죄송합니다만 다른 승객들의 휴식을 위해
조금만 조용히 해 주시겠습니까?

不好意思，可以回到座位吗？
Bùhǎoyìsi, kěyǐ huídào zuòwèi ma？

실례합니다만 좌석으로 돌아가 주시겠습니까?

这里是紧急出口，
请不要在这里聚集。
Zhèlǐ shì jǐnjí chūkǒu, qǐng búyào zài zhèlǐ jùjí.

이곳은 비상구입니다. 모여 있지 마십시오.

没有得到同意，
拍摄乘客(乘务员)是侵犯肖像权的。
Méiyǒu dédào tóngyì,
pāishè chéngkè(chéngwùyuán) shì qīnfàn xiāoxiàngquán de.

동의 없이 승객(승무원)을 촬영하는 행위는
초상권 침해에 해당합니다.

请停止拍摄并删除
已拍的相片和视频。
Qǐng tíngzhǐ pāishè bìng shānchú
yǐ pāi de xiàngpiàn hé shìpín.

촬영은 중단해 주시고 촬영하신 사진이나
영상물은 삭제해 주십시오.

您好像喝得有点多，
休息一会儿，怎么样？
Nín hǎoxiàng hē de yǒudiǎn duō,
xiūxi yíhuìr, zěnmeyàng？

손님, 술을 좀 많이 드신 것 같은데
잠시 쉬시는 건 어떠신가요?

我给您拿冰水。 얼음물을 가져다 드리겠습니다.

Wǒ gěi nín ná bīngshuǐ.

단어와 구(词&短语)

影响 yǐngxiǎng 동 영향을 주다 | **调低** tiáodī 동 조절하여 낮추다 | **一点** yìdiǎn 양 조금, 약간 | **声量** shēngliàng 명 음량 | **安静** ānjìng 형 조용하다 | **回到** huídào 동 ~로 되돌아가다 | **聚集** jùjí 동 모이다 **得到** dédào 동 얻다 | **同意** tóngyì 명 동의 동 동의하다 | **拍摄** pāishè 동 촬영하다 | **侵犯** qīnfàn 동 침범하다 | **肖像权** xiāoxiàngquán 명 초상권 | **停止** tíngzhǐ 동 정지하다 | **并** bìng 접 그리고, 또한 | **删除** shānchú 동 삭제하다 | **已** yǐ 부 이미 | **拍** pāi 동 사진을 찍다, 손바닥으로 치다 | **相片** xiàngpiàn 명 사진 **视频** shìpín 명 동영상 | **好像** hǎoxiàng 동 마치 ~와 같다 | **有点** yǒudiǎn 부 조금, 약간 | **多** duō 형 많다 **怎么样** zěnmeyàng 대 어떻습니까 | **冰水** bīngshuǐ 명 찬물, 얼음물

2 승객 개별 요청 응대

请问, 有什么需要帮忙的? 무엇을 도와드릴까요?

Qǐngwèn, yǒu shénme xūyào bāngmáng de?

단어와 구(词&短语)

的 de 조 것. '**的**' 뒤의 중심어를 생략하여 명사화함

3 승객 요청 업무 완료

我可以关呼唤铃吗？
Wǒ kěyǐ guān hūhuànlíng ma？
호출 버튼을 꺼 드려도 되겠습니까?

我去确认一下还有没有毛毯。
Wǒ qù quèrèn yíxià hái yǒuméiyǒu máotǎn.
담요가 있는지 확인해 드리겠습니다.

很抱歉，毛毯已经没有了。
Hěn bàoqiàn, máotǎn yǐjīng méiyǒu le.
죄송합니다. 담요는 전부 서비스되었습니다.

我去调高一点客舱温度。
Wǒ qù tiáogāo yìdiǎn kècāng wēndù.
객실 온도를 높여 드리겠습니다.

飞机偶尔会颠簸，
请您全程系好安全带。
Fēijī ǒu'ěr huì diānbǒ,
qǐng nín quánchéng jìhǎo ānquándài.
비행기가 가끔 흔들릴 수 있으니
항시 좌석벨트를 착용해 주십시오.

단어와 구(词&短语)

还 hái 부 또, 더 | **毛毯** máotǎn 명 담요 | **调高** tiáogāo 동 상향 조정하다 | **温度** wēndù 명 온도 | **偶尔** ǒu'ěr 부 가끔 | **全程** quánchéng 명 전 과정

4 환자 승객 응대

先生，您哪里不舒服？
Xiānsheng, nín nǎlǐ bù shūfu?

손님, 어디 불편하십니까?

现在好一点了吗？
Xiànzài hǎo yìdiǎn le ma?

지금은 괜찮으십니까?

需要为您叫医生吗？
Xūyào wèi nín jiào yīshēng ma?

의사를 불러 드릴까요?

您有平时服用的药吗？
Nín yǒu píngshí fúyòng de yào ma?

평소 복용하시는 약이 있으십니까?

祝您早日康复。
Zhù nín zǎorì kāngfù.

빨리 나아지시길 바랍니다.

如果有什么需要，
请随时呼叫乘务员。
Rúguǒ yǒu shénme xūyào,
qǐng suíshí hūjiào chéngwùyuán.

도움이 필요하시면 언제든지 승무원을 찾아주십시오.

단어와 구(词&短语)

舒服 shūfu 형 편안하다 | **医生** yīshēng 명 의사 | **平时** píngshí 명 평소 | **服用** fúyòng 동 약을 먹다 | **药** yào 명 약 | **祝** zhù 동 축하하다, 기원하다 | **早日** zǎorì 부 하루 빨리 | **康复** kāngfù 동 건강을 회복하다 | **呼叫** hūjiào 동 호출하다

학습 포인트

1) 다음자 '调'

'调'는 'tiáo'와 'diào'로 발음할 수 있습니다. 'tiáo'로 발음할 때는 동사 '조절하다', '배합하다', 'diào'로 발음할 때는 동사 '이동하다', 명사 '어조'를 뜻합니다.

[예] 调高声量 볼륨을 높이다
tiáogāo shēngliàng

调换座位 자리를 바꾸다
diàohuàn zuòwèi

보충 단어 调换 diàohuàn 동 바꾸다

2) 부정양사 '一点'

중국어에서 '조금', '약간'과 같이 정확한 수량이 제시되지 않는 양사를 부정양사(不定量词 · búdìng liàngcí)라고 합니다. 부정양사에는 '一点(yìdiǎn)', '一些(yìxiē)' 등이 있는데 명사 앞에서는 사물의 수량이 적음을 나타내고, 동사나 형용사 뒤에서는 약간의 정도를 나타냅니다. '一点'은 '一点儿'로도 발음하며 '一'를 생략하기도 합니다.

[예] 请给我一点水。 물 좀 주세요.
Qǐng gěi wǒ yìdiǎn shuǐ.

再吃(一)点儿。 좀 더 드세요.
Zài chī (yì)diǎnr.

3) '是~的' 구문

'是~的' 구문은 동작이 발생한 시간, 장소, 방식, 행위자, 대상, 원인 등 구체적인 정보를 강조할 때 사용합니다.

기본 문형: 주어 + 是 + 동사구 + 的

[예] 我是从首尔来的。 (장소) 저는 서울에서 왔습니다.
Wǒ shì cóng Shǒu'ěr lái de.

飞机是什么时候起飞的？ (시간) 비행기는 언제 이륙한 것입니까?
Fēijī shì shénme shíhou qǐfēi de?

4) 접속사 '并'

접속사 '并'은 앞뒤의 이음절 동사를 연결하며 두 성분이 병렬 관계임을 나타냅니다.

[예] **研究人员研究并分析了新冠病毒。** 연구원이 코로나 바이러스를 연구하고 분석했다.
Yánjiū rényuán yánjiū bìng fēnxi le xīnguàn bìngdú.

보충 단어 **研究人员** yánjiū rényuán 명 연구원 | **研究** yánjiū 동 연구하다 | **分析** fēnxi 동 분석하다 | **新冠病毒** xīnguàn bìngdú 명 코로나 바이러스

5) 의문대명사 '怎么样'

의문대명사 '怎么样'은 '어떻습니까'라는 뜻으로 의견이나 안부를 물을 때 사용합니다.

[예] **今天天气怎么样？** (의견) 오늘 날씨 어때요?
Jīntiān tiānqì zěnmeyàng?

你最近怎么样？ (안부) 요즘 어때요?
Nǐ zuìjìn zěnmeyàng?

보충 단어 **最近** zuìjìn 명 최근

6) '的'자문

문장 앞뒤의 의미가 분명하고 중심어를 생략해도 의사 전달이 가능할 경우 '的' 뒤의 중심어를 생략할 수 있습니다.

기본 문형: 관형어 + 的 + 중심어

[예] **乘务员给你的(东西)是什么？** 승무원이 너에게 준 것이 무엇이니?
Chéngwùyuán gěi nǐ de(dōngxi) shì shénme?

보충 단어 **东西** dōngxi 명 물건

7) 축하와 기원을 나타내는 '祝'

동사 '祝'는 축하와 기원을 나타내는 말로 문장의 맨 앞에 위치합니다. 중국인은 호사(好事)나 명절 혹은 기념일에 이 표현을 자주 사용합니다. '祝' 뒤에 축원을 받는 사람은 생략할 수 있습니다.

[예] **祝您身体健康!** 건강하세요!
Zhù nín shēntǐ jiànkāng!

祝大家财源滚滚! 모두들 부자되세요!
Zhù dàjiā cáiyuán gǔngǔn!

祝一路平安! 평안한 여정 되시기 바랍니다!
Zhù yílù píng'ān!

보충 단어 **身体** shēntǐ 명 몸, 신체 | **健康** jiànkāng 형 건강하다 | **财源** cáiyuán 명 재원 | **滚滚** gǔngǔn 형 세차게 밀려오거나 굽이쳐 흐르는 모양 | **一路** yílù 명 도중, 가는 길 | **平安** píng'ān 형 평안하다

TIP 신체 명칭

몸이 불편함을 호소하는 승객에 대비하여 우리 신체의 명칭을 중국어로 익혀 보세요.

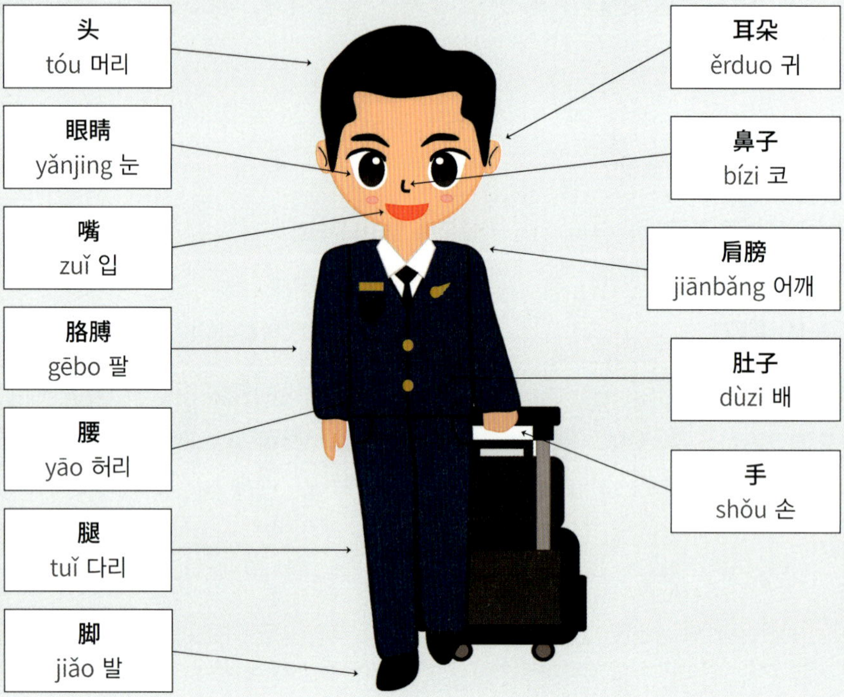

연습문제

1. 녹음을 듣고 알맞은 대화문을 연결하세요. 연습 10

(1) ■ ■ 好的，谢谢。

(2) ■ ■ 好的，我马上回去。

(3) ■ ■ 我去确认一下还有没有毛毯。

(4) ■ ■ 请给我一点冰水。

(5) ■ ■ 我肚子有点疼。

보충 단어 **回去** huíqù 동 돌아가다 | **肚子** dùzi 명 배 | **有点** yǒudiǎn 부 조금 | **疼** téng 동 아프다

2. 다음 상황에 맞게 대화문을 완성하세요.

(1) ________________________________。

(이곳은 비상구입니다. 이곳에 있지 마십시오.)

知道了。

(알겠습니다.)

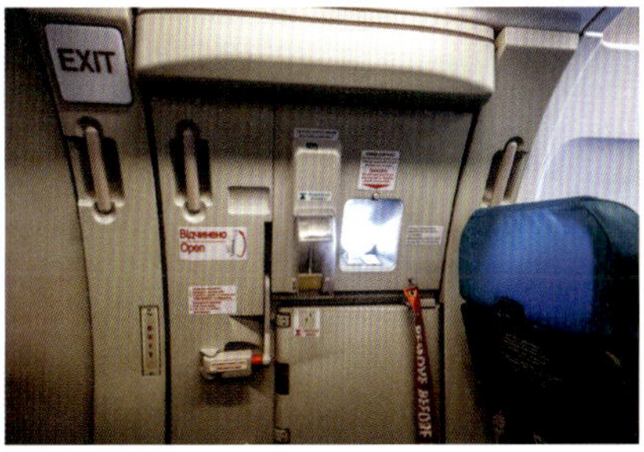

보충 단어 **知道** zhīdào 동 알다

(2) ________________________________？

(볼륨을 조금 줄여주시겠습니까?)

好的。

(알겠습니다.)

(3) 小姐，有毛毯吗？

(아가씨, 담요 있나요?)

________________________。

(잠시만 기다려 주십시오. 바로 가져다 드리겠습니다.)

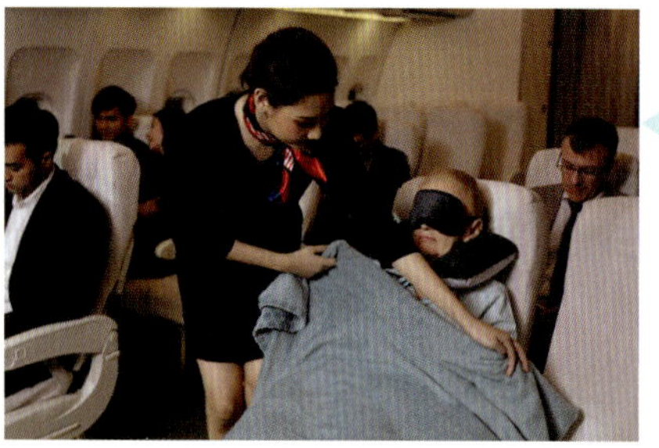

(4) 乘务员，我觉得有点冷。

(아가씨, 조금 추워요.)

________________________。

(객실 온도를 높여 드리겠습니다.)

보충 단어 **觉得** juéde ~라고 느끼다 | **冷** lěng 형 춥다

3. 다음 제시된 단어를 어순에 맞게 배열하세요.

(1) 您 / 冰水 / 我 / 给 / 拿 / 。

(얼음물을 가져다 드리겠습니다.)

▶ ________________________

(2) 可以 / 吗 / 呼唤铃 / 我 / 关 / ？

(호출 버튼을 꺼 드려도 되겠습니까?)

▶ ________________________

(3) 好 / 现在 / 吗 / 一点 / 了 / ？

(지금은 괜찮으십니까?)

▶ ________________________

(4) 安静 / 可以吗 / 请 / 一下 / , / ?

(조금만 조용히 해 주시겠습니까?)

▶ ____________________

4. 다음 한국어를 참고하여 다양한 문장을 만들어 보세요.

(1) ~해도 되겠습니까?

我可以 + [   ] + 吗？(앉아도 되겠습니까?)

我可以 + [   ] + 吗？(치워 드려도 되겠습니까?)

我可以 + [   ] + 吗？(호출 버튼을 꺼 드려도 되겠습니까?)

(2) ~이/가 괜찮으십니까?

[   ] + 可以吗？(이 신문 괜찮으십니까?)

[   ] + 可以吗？(닭고기 괜찮으십니까?)

[   ] + 可以吗？(스프라이트 괜찮으십니까?)

항공상식

병원 수술실만큼 깨끗한 기내 공기

항공기는 지상에 있거나 비행 상태에 있을 때 조종실과 객실의 청결함과 쾌적함을 위해 기내로 신선한 공기를 공급하고 이산화탄소 등 유해 공기를 항공기 밖으로 배출합니다. 이렇게 기내의 신선한 공기와 적절한 온도를 유지해 주는 장치를 '에어 컨디셔닝 시스템(air conditioning system)'이라고 합니다. 이 시스템은 단순히 냉난방용 온도조절장치가 아닌 온도와 습도 조절도 가능한 고성능 냉난방 장치로 고공비행에 따른 희박한 산소를 보충해 주기도 합니다.

국제선 항공기의 비행 고도는 지상으로부터 대략 11,000m 높이에 달하며 대기 온도는 영하 56.5℃, 기압은 지상의 25%에 불과한 3.8 PSI(pounds per square inch), 습도는 0.001%로 생물체가 생존할 수 있는 환경이 아닙니다. 하지만 기내 승객들이 별다른 불편을 느끼지 못하는 이유는 항공기에 여압장치, 온도조절장치, 공기순환장치, 오존제거장치로 이루어진 '에어 컨디셔닝 시스템'이 있기 때문입니다.

고공비행 중에도 승객이 안전하게 활동할 수 있는 것은 바로 '에어 컨디셔닝 시스템'의 여압장치 덕분입니다. 고도가 높아지면 대기 압력이 낮아지고 혈중 산소 용해량이 줄어 신체에 산소 부족 현상이 일어납니다. 이를 해결하기 위해 풍선에 공기를 넣듯이 객실에 압력을 주입하여 기내 기압을 지상과 같은 수준으로 만듭니다.

기내에 공급되는 공기는 항공기 외부 공기를 엔진의 압축기를 이용해 고온과 고압으로 압축한 것입니다. 또한 최신 기술로 만들어진 헤파(high efficiency particulate air, HEPA) 필터라는 여과장치가 직경 0.003mm가 넘는 물질을 99.9% 이상 여과하는데 이는 일반 가정의 먼지, 담배 연기, 박테리아, 거의 모든 바이러스를 걸러낼 수 있는 수준입니다. 이로 볼 때 기내 공기가 병원 수술실만큼 깨끗하다는 것을 알 수 있습니다.

에어 컨디셔닝 시스템

제11과
일상 안전

학습목표 및 학습내용

1. 중국어로 안전 관련 안내를 할 수 있다.
2. 중국어로 방역 관련 안내를 할 수 있다.

본문 11-1

기내 흡연

客舱内禁止吸烟，包括电子烟。	객실 내에서는 전자담배를 포함한 모든 흡연이 금지되어 있습니다.
电子烟不能充电。	전자담배는 충전할 수 없습니다.
未经批准的电子设备 不能在机内使用。	인가되지 않은 전자기기는 기내에서 사용하실 수 없습니다.

본문 11-2

기내 불법 방해 행위 대응

您可以小声一点吗？	손님, 목소리를 좀 낮춰 주시겠습니까?
您在妨碍乘务员的业务。	손님께서는 지금 승무원의 업무를 방해하고 계십니다.
请您停止目前的行动， 回到座位上。	지금 하시는 행동을 멈추시고 자리로 돌아가 주십시오.
我们将会录像， 并把视频资料提供给侦察机关。	수사 기관에 동영상 제출을 위한 녹화를 시작하겠습니다.
先生，这是最后警告。	손님, 마지막 경고입니다.
如果您不停止现在的行为， 我们将会逮捕您， 并把您移交给警察。	지금 하시는 행동을 멈추지 않을 시 체포 및 경찰에 인계될 수 있습니다.

본문 11-3

COVID-19

请您戴好口罩。	마스크를 착용해 주십시오.
为了您的安全, 请您正确佩戴口罩, 遮挡口鼻。	안전을 위해 코와 입을 가리도록 마스크를 올바르게 착용해 주십시오.
很抱歉, 因为新冠疫情, 现在我们只提供三种饮料。	죄송합니다만 코로나19로 인해 음료는 세 가지만 제공해 드리고 있습니다.
很抱歉, 为了您的安全, 请不要换座, 减少在客舱内走动。	죄송합니다만 안전을 위해 좌석 이동은 하지 마시고 객실 내 이동을 삼가 주십시오.
如果您有不适症状, 请及时与乘务员联系。	불편하신 증상이 있으시면 바로 승무원에게 알려주시기 바랍니다.
您可以在机场下载手机软件。	공항에서 모바일 앱을 설치하실 수 있습니다.
请您保持社交距离。	사회적 거리를 유지해 주십시오.
如果您需要消毒液, 请跟我们讲。	소독제가 필요하시면 저희에게 말씀해 주십시오.
我们每30分钟消毒一次洗手间。	30분마다 한 번씩 화장실을 소독하고 있습니다.

1 기내 흡연

客舱内禁止吸烟，
包括电子烟。

Kècāng nèi jìnzhǐ xīyān,
bāokuò diànzǐyān.

객실 내에서는 전자담배를 포함한 모든 흡연이 금지되어 있습니다.

电子烟不能充电。

Diànzǐyān bùnéng chōngdiàn.

전자담배는 충전할 수 없습니다.

未经批准的电子设备
不能在机内使用。

Wèijīng pīzhǔn de diànzǐ shèbèi
bùnéng zài jīnèi shǐyòng.

인가되지 않은 전자기기는 기내에서 사용하실 수 없습니다.

단어와 구(词&短语)

禁止 jìnzhǐ 동 금지하다 | **吸烟** xīyān 동 흡연하다 | **包括** bāokuò 동 포함하다 | **电子烟** diànzǐyān 명 전자담배 | **未经** wèijīng ~을/를 거치지 않다 | **批准** pīzhǔn 명 허가 동 허가하다 | **电子设备** diànzǐ shèbèi 명 전자기기

2 기내 불법 방해 행위 대응

您可以小声一点吗？
Nín kěyǐ xiǎoshēng yìdiǎn ma？
손님, 목소리를 좀 낮춰 주시겠습니까?

您在妨碍乘务员的业务。
Nín zài fáng'ài chéngwùyuán de yèwù.
손님께서는 지금 승무원의 업무를 방해하고 계십니다.

请您停止目前的行动，
回到座位上。
Qǐng nín tíngzhǐ mùqián de xíngdòng,
huídào zuòwèi shang.
지금 하시는 행동을 멈추시고
자리로 돌아가 주십시오.

我们将会录像，
并把视频资料提供给侦察机关。
Wǒmen jiāng huì lùxiàng,
bìng bǎ shìpín zīliào tígōng gěi zhēnchá jīguān.
수사 기관에 동영상 제출을 위한 녹화를 시작하겠습니다.

先生，这是最后警告。
Xiānsheng, zhè shì zuìhòu jǐnggào.
손님, 마지막 경고입니다.

如果您不停止现在的行为，
我们将会逮捕您，并把您移交给警察。
Rúguǒ nín bù tíngzhǐ xiànzài de xíngwéi,
wǒmen jiāng huì dàibǔ nín, bìng bǎ nín yíjiāo gěi jǐngchá.
지금 하시는 행동을 멈추지 않을 시
체포 및 경찰에 인계될 수 있습니다.

단어와 구(词&短语)

小声 xiǎoshēng 작게 소리내다 | **妨碍** fáng'ài 동 방해하다 | **业务** yèwù 명 업무 | **目前** mùqián 명 현재 | **行动** xíngdòng 명 행동 | **录像** lùxiàng 동 녹화하다 | **资料** zīliào 명 자료 | **侦察机关** zhēnchá jīguān 명 수사 기관 | **最后** zuìhòu 명 맨 마지막 | **警告** jǐnggào 명 경고 동 경고하다 | **行为** xíngwéi 명 행위 | **逮捕** dàibǔ 동 체포하다 | **移交** yíjiāo 동 인도하다 | **警察** jǐngchá 명 경찰

3 COVID-19

请您戴好口罩。
Qǐng nín dàihǎo kǒuzhào.
마스크를 착용해 주십시오.

为了您的安全,
请您正确佩戴口罩, 遮挡口鼻。
Wèile nín de ānquán,
qǐng nín zhèngquè pèidài kǒuzhào, zhēdǎng kǒubí.
안전을 위해 코와 입을 가리도록
마스크를 올바르게 착용해 주십시오.

很抱歉, 因为新冠疫情,
现在我们只提供三种饮料。
Hěn bàoqiàn, yīnwèi xīnguàn yìqíng,
xiànzài wǒmen zhǐ tígōng sān zhǒng yǐnliào.
죄송합니다만 코로나19로 인해 음료는
세 가지만 제공해 드리고 있습니다.

很抱歉, 为了您的安全,
请不要换座, 减少在客舱内走动。
Hěn bàoqiàn, wèile nín de ānquán,
qǐng búyào huànzuò, jiǎnshǎo zài kècāng nèi zǒudòng.
죄송합니다만 안전을 위해 좌석 이동은 하지
마시고 객실 내 이동을 삼가 주십시오.

如果您有不适症状,
请及时与乘务员联系。
Rúguǒ nín yǒu búshì zhèngzhuàng,
qǐng jíshí yǔ chéngwùyuán liánxì.
불편하신 증상이 있으시면 바로 승무원에게
알려주시기 바랍니다.

您可以在机场下载手机软件。
Nín kěyǐ zài jīchǎng xiàzǎi shǒujī ruǎnjiàn.
공항에서 모바일 앱을 설치하실 수 있습니다.

请您保持社交距离。
Qǐng nín bǎochí shèjiāo jùlí.
사회적 거리를 유지해 주십시오.

如果您需要消毒液, 请跟我们讲。
Rúguǒ nín xūyào xiāodúyè, qǐng gēn wǒmen jiǎng.
소독제가 필요하시면 저희에게 말씀해 주십시오.

我们每30分钟消毒一次洗手间。 30분마다 한 번씩 화장실을 소독하고 있습니다.

Wǒmen měi sānshí fēnzhōng xiāodú yícì xǐshǒujiān.

단어와 구(词&短语)

戴 dài 동 착용하다 | **口罩** kǒuzhào 명 마스크 | **正确** zhèngquè 형 정확하다, 올바르다 | **佩戴** pèidài 동 (몸에) 차다, 달다 | **遮挡** zhēdǎng 동 막다 | **口** kǒu 명 입 | **鼻** bí 명 코 | **因为** yīnwèi 접 ~때문에 | **新冠疫情** xīnguàn yìqíng 명 코로나19 | **只** zhǐ 부 오직 | **三种** sān zhǒng 세 가지 | **换座** huànzuò 동 좌석을 바꾸다 | **减少** jiǎnshǎo 동 감소하다 | **走动** zǒudòng 동 움직이다 | **不适** búshì 형 편치 않다 | **症状** zhèngzhuàng 명 증상 | **及时** jíshí 부 즉시, 제때에 | **下载** xiàzǎi 동 다운로드하다 | **软件** ruǎnjiàn 명 소프트웨어, 앱 | **保持** bǎochí 동 유지하다 | **社交距离** shèjiāo jùlí 명 사회적 거리두기 | **消毒液** xiāodúyè 명 소독제 | **讲** jiǎng 동 이야기하다 | **消毒** xiāodú 동 소독하다 | **一次** yícì 한 번

학습 포인트

1) 부정문 '未经'

'未'는 부정부사 '아직 ~하지 않다', '经'은 동사 '경유하다', '거치다'라는 뜻입니다. '未经' 뒤에는 주로 허가, 승인, 비준 등에 해당하는 단어가 옵니다.

[예] **未经认可** 인가를 받지 못하다.
wèijīng rènkě

보충 단어 **认可** rènkě 명 인가 동 인가하다

2) 목소리를 낮춰주세요 '小声'

'小'는 형용사 '작다', '声'은 명사 '소리'의 뜻으로 '小声'은 부사구나 서술어로 쓰입니다. '一点 (yìdiǎn)'과 함께 '小声一点(xiǎoshēng yìdiǎn)', '小点声(xiǎo diǎn shēng)'이라고 하면 '목소리를 작게 하세요'라는 뜻이 됩니다. 반대로 '목소리를 높여 주세요'라고 말하려면 '大声一点(dàshēng yìdiǎn)'이나 '大点声(dà diǎn shēng)'이라고 말합니다.

[예] **乘务员对乘客小声说话。** (부사구) 승무원이 승객에게 작은 소리로 말했다.
Chéngwùyuán duì chéngkè xiǎoshēng shuōhuà.

你们在飞机上小声一点! (서술어) 너희들 비행기에서는 좀 조용히 해!
Nǐmen zài fēijī shang xiǎoshēng yìdiǎn!

보충 단어 **说话** shuōhuà 동 말하다

3) 현재진행형 '在'

'在(zài)'는 동사 '~에 있다', 전치사 '~에서' 외에 어떤 동작이 진행되거나 상태가 지속되고 있음을 나타내는 부사로도 쓰입니다. '您在妨碍乘务员的业务'에서 '在'는 동작의 진행이나 지속을 나타내는 부사로 쓰였습니다.

[예] **飞机在跑道。** (동사) 비행기가 활주로에 있다.
Fēijī zài pǎodào.

旅客们在登机口等候。 (전치사) 승객들이 탑승구에서 기다리고 있다.
Lǚkèmen zài dēngjīkǒu děnghòu.

旅客们在登机。 (부사) 승객들이 탑승 중에 있다.
Lǚkèmen zài dēngjī.

보충 단어 跑道 pǎodào 명 활주로 | 登机口 dēngjīkǒu 명 탑승구

4) A를 B에게 제공하다 '把 A 提供给 B'

'把A提供给B'는 'A를 B에게 제공하다'라는 뜻으로 'A'는 제공하는 사물, 'B'는 제공받는 대상을 씁니다. '把您移交给警察'도 이와 같은 구조입니다. '把A移交给B'는 'A를 B에게 인도하다'라는 뜻입니다.

[예] 我把护照还给您。 여권을 돌려드리겠습니다.
Wǒ bǎ hùzhào huán gěi nín.

보충 단어 还 huán 동 돌려주다

5) 결과보어 '好'

'戴好'에서 '好'는 동사 뒤에 오는 결과보어로 '마스크 착용을 완벽하게 한 상태'를 나타냅니다.

[예] 请穿好救生衣。 구명복을 착용하십시오.
Qǐng chuānhǎo jiùshēngyī.

보충 단어 穿 chuān 동 입다 | 救生衣 jiùshēngyī 명 구명복

6) 접속사 '因为'

접속사 '因为'는 '~때문에'라는 뜻으로 원인을 나타냅니다. 후속절에 주로 '所以(suǒyǐ · 그래서)', '因此(yīncǐ · 그러므로)'와 함께 사용합니다.

[예] 因为今天有大雾，所以飞机不能起飞。 오늘 짙은 안개 때문에 비행기가 이륙할 수 없다.
Yīnwèi jīntiān yǒu dàwù, suǒyǐ fēijī bùnéng qǐfēi.

7) 전치사 '跟'

'讲(jiǎng)'이나 '说(shuō)'는 이중목적어를 취할 수 없어서 말하는 대상을 나타내려면 전치사 '跟(gēn · ~와/과)'이나 '对(duì · ~에게)'를 써서 전치사구로 나타내야 합니다.

[예] **机长跟乘务员讲话。** 기장이 승무원과 말하다.
Jīzhǎng gēn chéngwùyuán jiǎnghuà.

乘务员对乘客说话。 승무원이 승객에게 말하다.
Chéngwùyuán duì chéngkè shuōhuà.

8) 동량사 '一次'

동량사란 동작이나 행위의 횟수를 나타내는 단어로 '수사+양사'의 구조를 이루어 동사 뒤에 위치합니다. '消毒一次'에서 '一次'는 동량사로 동사 뒤에서 동량보어의 역할을 합니다.

기본 문형: 동사 + 동량사(수사 + 양사)

[예] **你去一趟吧。** 네가 한번 가봐.
Nǐ qù yítàng ba.

我来看一下。 내가 한번 볼게.
Wǒ lái kàn yíxià.

보충 단어 **趟** tàng 양 번, 차례

9) 감염병 관련 증상

发热 fārè (동) 열나다 / 乏力 fálì (형) 기력이 없다 / 干咳 gānké (명) 마른 기침 / 呼吸困难 hūxī kùnnán 호흡 곤란

[예] **如果您有发热、乏力、干咳、呼吸困难等不适症状，请及时与乘务员联系。**
Rúguǒ nín yǒu fārè, fálì, gānké, hūxī kùnnán děng búshì zhèngzhuàng, qǐng jíshí yǔ chéngwùyuán liánxì.
발열, 무기력, 마른 기침, 호흡 곤란 등 불편하신 증상이 있으시면 바로 승무원에게 알려주시기 바랍니다.

연습문제

1. 녹음을 듣고 알맞은 대화문을 연결하세요. 연습 11

(1) ■	■ 很抱歉，因为新冠疫情，现在我们不提供饮料。
(2) ■	■ 有，马上拿给您。
(3) ■	■ 很抱歉，现在不能换座。
(4) ■	■ 您可以在机场下载手机软件。
(5) ■	■ 好的，知道了。

보충 단어 **防疫** fángyì 동 방역하다

2. 다음 상황에 맞게 대화문을 완성하세요.

(1) ______________________________。

(객실 내에서 흡연은 금지되어 있습니다.)

知道了。

(알겠습니다.)

(2) ______________________________。

(자리로 돌아가 주십시오.)

好的。

(알겠습니다.)

(3)  ____ 。

(마스크를 착용해 주십시오.)

 知道了。

(알겠습니다.)

(4)  ____ 。

(사회적 거리를 유지해 주십시오.)

 好的。

(알겠습니다.)

3. 다음 제시된 단어를 어순에 맞게 배열하세요.

(1) 讲 / 跟 / 请 / 我们 / 。

(저희에게 말씀해 주십시오.)

▶ ____

(2) 佩戴 / 正确 / 口罩 / 请 / 您 / 。

(마스크를 올바르게 착용해 주십시오.)

▶ ____

(3) 联系 / 及时 / 请 / 与 / 乘务员 / 。

(바로 승무원에게 알려주시기 바랍니다.)

▶ ____

(4) 您 / 的 / 停止 / 行动 / 请 / 目前 / 。

(지금 하시는 행동을 멈춰 주십시오.)

▶ ______________________________

4. 다음 한국어를 참고하여 다양한 문장을 만들어 보세요.

(1) ~을/를 하실 수 없습니다.

您不能 + [　　　　　]。(담배를 피실 수 없습니다.)

您不能 + [　　　　　]。(휴대전화를 사용하실 수 없습니다.)

您不能 + [　　　　　]。(음료수를 마실 수 없습니다.)

(2) ~에게 말씀해 주십시오.

请跟 + [　　　　　] + 讲。(저희에게 말씀해 주십시오.)

请跟 + [　　　　　] + 讲。(승무원에게 말씀해 주십시오.)

请跟 + [　　　　　] + 讲。(지상 직원에게 말씀해 주십시오.)

항공상식

청천 난류

청천 난류(clear air turbulence, CAT)란 육안이나 기상 레이더로 관찰할 수 있는 대류성 기상 활동과는 달리 구름이 없는 지역에서 발생하는 터뷸런스(turbulence)를 말합니다. 조종사가 미리 예측할 수 없는 경우가 많으며, 심하면 30m 이상 하강할 때도 있어 좌석벨트를 매지 않고 있을 경우 승무원과 승객의 부상을 초래하기도 합니다.

따라서 항공사는 비행 중 이러한 난기류에 대비하여 좌석벨트 표시등(fasten seat belt sign)이 꺼지더라도 승객이 좌석에 앉아 있을 때는 좌석벨트를 착용하도록 방송을 합니다. 그리고 항공기의 흔들림이 예상되는 지역을 통과하거나 난기류를 만나 비행기가 흔들려 좌석벨트 표시등이 켜지면 객실승무원은 모든 승객이 좌석에 앉아 좌석벨트를 매도록 안내합니다. 이때 화장실을 이용하고자 대기하는 승객도 좌석으로 돌아가서 좌석벨트를 매도록 안내합니다.

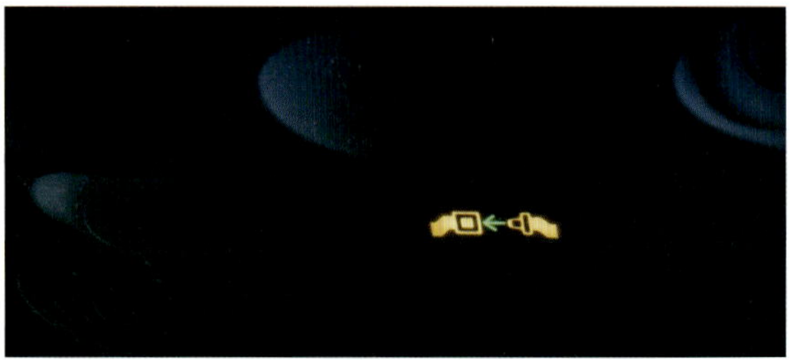

좌석벨트 표시등

제12과

착륙 준비와 승객 하기

학습목표 및 학습내용

1. 중국어로 착륙 준비를 할 수 있다.
2. 중국어로 하기 안내를 할 수 있다.

본문 12-1

환승 승객 안내

因为本次航班延误, 您也许赶不上下一程航班。	비행기가 지연되어 연결편 탑승이 불가합니다.
到达目的地前, 我会确认后再告诉您。	목적지 도착 전에 확인하여 다시 알려드리겠습니다.
更详细的内容, 请您向地勤人员咨询。	더 자세한 사항은 지상 직원에게 문의하시기 바랍니다.
为了方便您更快地下机, 给您安排前排座位。	일찍 하기하실 수 있도록 앞쪽 좌석으로 안내해 드리겠습니다.
请您前往中转柜台办理转机手续。	환승 카운터로 가셔서 환승 수속을 하시기 바랍니다.
请您带好手提物品。	휴대품을 잘 챙기십시오.
请您再次确认一下 是否有忘带的随身物品。	잊으신 소지품이 없는지 다시 한번 확인해 주시기 바랍니다.

본문 12-2

착륙 준비

我现在需要收回耳机。	사용하신 헤드폰을 치워드리겠습니다.
耳机用完后, 请您放在前排座椅口袋里。	헤드폰을 다 사용하신 후 앞 좌석 주머니 속에 넣어 주십시오.
为了安全, 请您把行李重新放回行李架。	안전을 위해 손님의 짐을 다시 선반 속에 넣어 주시기 바랍니다.
飞机马上要着陆了。	비행기가 곧 착륙합니다.

본문 12-3

하기 안내

在系好安全带指示灯熄灭前， 请您在座位上等待。	좌석벨트 착용 표시등이 꺼질 때까지 좌석에서 기다려 주십시오.
机上毛毯属于保税品， 不能带离飞机。	기내담요는 보세품으로 항공기 외부로 가져가실 수 없습니다.
飞机还在滑行，请先坐好。	비행기가 아직 활주 중에 있습니다. 앉아 주십시오.
请不要打开行李架，行李会滑落。	선반을 열지 마십시오. 수하물이 떨어질 수 있습니다.
感谢您乘坐本次航班。	탑승해 주셔서 감사합니다.
祝您旅途愉快！	즐거운 여행 되시길 바랍니다!
再见。	또 뵙겠습니다.

1 환승 승객 안내

因为本次航班延误,
您也许赶不上下一程航班。

Yīnwèi běncì hángbān yánwù,
nín yěxǔ gǎnbushàng xià yìchéng hángbān.

비행기가 지연되어 연결편 탑승이 불가합니다.

到达目的地前,
我会确认后再告诉您。

Dàodá mùdìdì qián,
wǒ huì quèrèn hòu zài gàosu nín.

목적지 도착 전에 확인하여 다시 알려드리겠습니다.

更详细的内容,
请您向地勤人员咨询。

Gèng xiángxì de nèiróng,
qǐng nín xiàng dìqín rényuán zīxún.

더 자세한 사항은
지상 직원에게 문의하시기 바랍니다.

为了方便您更快地下机,
给您安排前排座位。

Wèile fāngbiàn nín gèng kuài de xiàjī,
gěi nín ānpái qiánpái zuòwèi.

일찍 하기하실 수 있도록
앞쪽 좌석으로 안내해 드리겠습니다.

请您前往中转柜台办理转机手续。

Qǐng nín qiánwǎng zhōngzhuǎn guìtái bànlǐ zhuǎnjī shǒuxù.

환승 카운터로 가셔서 환승 수속을 하시기 바랍니다.

请您带好手提物品。

Qǐng nín dàihǎo shǒutí wùpǐn.

휴대품을 잘 챙기십시오.

请您再次确认一下
是否有忘带的随身物品。

Qǐng nín zàicì quèrèn yíxià
shìfǒu yǒu wàngdài de suíshēn wùpǐn.

잊으신 소지품이 없는지 다시 한번
확인해 주시기 바랍니다.

단어와 구(词&短语)

本次 běncì 명 이번 | **也许** yěxǔ 부 아마도 | **赶不上** gǎnbushàng 따라가지 못하다, 놓치다 | **下一程** xià yìchéng 다음 구간 | **到达** dàodá 동 도착하다 | **更** gèng 부 더욱 | **详细** xiángxì 형 상세하다 | **内容** nèiróng 명 내용 | **向** xiàng 전 ~에게, ~을/를 향하여 | **咨询** zīxún 동 자문하다 | **方便** fāngbiàn 형 편리하다 | **快** kuài 형 빠르다 | **地** de 조 부사구가 동사나 형용사를 꾸며줄 때 쓰는 구조조사 | **下机** xiàjī 동 하기하다 | **安排** ānpái 동 배치하다, 마련하다 | **前排** qiánpái 명 앞줄 | **前往** qiánwǎng 동 향하여 가다 | **柜台** guìtái 명 카운터 | **办理** bànlǐ 동 처리하다 | **手续** shǒuxù 명 수속 | **带** dài 동 지니다, 데리고 가다 | **手提物品** shǒutí wùpǐn 명 휴대품 | **再次** zàicì 부 재차 | **是否** shìfǒu ~인지 아닌지. '**是不是**'의 문어체 | **忘带** wàngdài 동 챙기는 것을 잊다 | **随身** suíshēn 동 몸에 지니다 | **物品** wùpǐn 명 물품

2 착륙 준비

我现在需要收回耳机。
Wǒ xiànzài xūyào shōuhuí ěrjī.
사용하신 헤드폰을 치워드리겠습니다.

耳机用完后,
请您放在前排座椅口袋里。
Ěrjī yòngwán hòu,
qǐng nín fàngzài qiánpái zuòyǐ kǒudài lǐ.
헤드폰을 다 사용하신 후
앞 좌석 주머니 속에 넣어 주십시오.

为了安全,
请您把行李重新放回行李架。
Wèile ānquán,
qǐng nín bǎ xíngli chóngxīn fànghuí xínglijià.
안전을 위해 손님의 짐을 다시 선반 속에
넣어 주시기 바랍니다.

飞机马上要着陆了。
Fēijī mǎshàng yào zhuólù le.
비행기가 곧 착륙합니다.

단어와 구(词&短语)

口袋 kǒudài 명 주머니 | **放回** fànghuí 동 ~에 돌려놓다 | **着陆** zhuólù 동 착륙하다 | **要~了** yào~le 곧 ~하다

3 하기 안내

在系好安全带指示灯熄灭前，请您在座位上等待。

Zài jìhǎo ānquándài zhǐshìdēng xīmiè qián, qǐng nín zài zuòwèi shang děngdài.

좌석벨트 착용 표시등이 꺼질 때까지 좌석에서 기다려 주십시오.

机上毛毯属于保税品，不能带离飞机。

Jīshàng máotǎn shǔyú bǎoshuìpǐn, bùnéng dàilí fēijī.

기내담요는 보세품으로 항공기 외부로 가져가실 수 없습니다.

飞机还在滑行，请先坐好。

Fēijī hái zài huáxíng, qǐng xiān zuòhǎo.

비행기가 아직 활주 중에 있습니다. 앉아 주십시오.

请不要打开行李架，行李会滑落。

Qǐng búyào dǎkāi xínglijià, xíngli huì huáluò.

선반을 열지 마십시오. 수하물이 떨어질 수 있습니다.

感谢您乘坐本次航班。

Gǎnxiè nín chéngzuò běncì hángbān.

탑승해 주셔서 감사합니다.

祝您旅途愉快！

Zhù nín lǚtú yúkuài!

즐거운 여행 되시길 바랍니다!

再见。

Zàijiàn.

또 뵙겠습니다.

단어와 구(词&短语)

在~前 zài~qián ~전에 | **安全带指示灯** ānquándài zhǐshìdēng 명 좌석벨트 표시등 | **熄灭** xīmiè 동 끄다, 꺼지다 | **属于** shǔyú ~에 속하다 | **保税品** bǎoshuìpǐn 명 보세품 | **离** lí 동 분리하다, 떠나다 | **还在** hái zài 아직 ~하고 있다 | **滑行** huáxíng 동 활주하다 | **滑落** huáluò 동 미끄러져 떨어지다 | **旅途** lǚtú 명 여행길 | **愉快** yúkuài 형 기쁘다 | **再见** zàijiàn 또 만나다

학습 포인트

1) 가능보어 '赶不上'

가능보어란 동작이나 상태의 실현 가능성을 나타내며 동사와 보어 사이에 구조조사 '得'를 사용합니다. 구조조사 '得' 대신 '不'를 사용하면 실현이 불가능함을 나타냅니다.

기본 문형: 동사 + 得 + 보어 → 실현 가능

동사 + 不 + 보어 → 실현 불가능

[예] **听得懂** 알아들을 수 있다.
tīngdedǒng

听不懂 알아들을 수 없다.
tīngbudǒng

보충 단어 听 tīng 동 듣다 | 懂 dǒng 동 이해하다

2) 다음 구간 '下一程'

'下一程'은 환승할 다음 구간을 뜻합니다. 참고로 탑승 구간이 둘 이상인 항공권을 '联程机票(liánchéng jīpiào · 연결항공권)'라고 합니다.

3) 전치사 '向'

전치사 '向'은 추상적 행위가 어떤 방향이나 대상을 향해 발생할 때 사용합니다.

기본 문형: 向 + 대상 + 동사

[예] **向医生咨询。** 의사에게 자문하다.
Xiàng yīshēng zīxún.

4) 형용사 '方便'

'方便'은 형용사 '편리하다'라는 뜻이지만, 때로는 목적어를 취해 '~이/가 편리하다', '~을/를 편리하게 하다'의 의미로도 쓰입니다.

[예] 在网上订票很方便。 인터넷 티켓 예매는 매우 편리하다.
Zài wǎngshàng dìngpiào hěn fāngbiàn.

方便旅客购票。 여행객의 티켓 구매를 편리하게 하다.
Fāngbiàn lǚkè gòupiào.

보충 단어 网上 wǎngshàng 명 인터넷 | 订 dìng 동 예약하다, 주문하다 | 票 piào 명 표 | 购票 gòupiào 동 표를 사다

5) 구조조사 '地'

부사어와 용언을 연결할 때 구조조사 '地'를 사용합니다.

기본 문형: 부사어(동사/형용사) + 地 + 술어(동사/형용사)

[예] 飞机慢慢地着陆了。 비행기가 천천히 착륙했다.
Fēijī mànman de zhuólù le.

보충 단어 慢慢 mànman 부 천천히

6) 동사 '前往'

공항 출·도착 안내 방송을 듣다 보면 많이 듣는 표현이 '前往'입니다. '前往'은 '~을/를 향하여 가다'의 뜻으로 뒤에 목적지를 나타내는 장소명사가 따릅니다.

기본 문형: 前往 + 장소명사

[예] 前往上海的旅客请注意! 상하이로 가시는 승객 여러분께 알려드립니다!
Qiánwǎng Shànghǎi de lǚkè qǐng zhùyì!

보충 단어 注意 zhùyì 동 주의하다

7) ~전에 '在~前'

'在~前'은 '~전에'라는 뜻으로 '在'를 생략하기도 합니다. 반면, '~후에'는 '在~后'라고 말합니다.

[예] 在起飞前 이륙 전에
zài qǐfēi qián

在着陆后 착륙 후에
zài zhuólù hòu

8) 결과보어 '离'

'离'는 동사 '분리하다', '떠나다'라는 뜻으로 '带离'에서 '离'는 결과보어입니다. 어떤 사물을 소지함으로써 사물이 기존 장소에서 분리되는 것을 나타냅니다.

[예] 带离现场 — 현장에서 데리고 떠나다.
dàilí xiànchǎng

9) 탑승 감사 인사 '感谢您乘坐~'

하기 시 '○○항공을 이용해 주셔서 감사합니다'라고 감사 인사를 할 때 '感谢您乘坐' 뒤에 항공사 명칭을 붙여 말합니다. 부록에 있는 한중노선 국제선 항공사 명칭을 익혀 응용 연습을 해봅시다.

기본 문형: 感谢您乘坐 + ○○航空

[예] 感谢您乘坐大韩航空。 — 저희 대한항공을 이용해 주셔서 감사합니다.
Gǎnxiè nín chéngzuò Dàhán hángkōng.

보충 단어 大韩航空 Dàhán hángkōng 대한항공

10) 헤어질 때 인사 '再见'

'再见'은 '또 만나다'라는 뜻으로 한국어의 '안녕히 가십시오(계십시오)'에 해당합니다. 그밖에 '拜拜(bàibai · Bye-bye)'라고 인사하기도 하며 손님을 배웅할 때 '请慢走(Qǐng mànzǒu · 살펴 가십시오)'라는 표현을 쓰기도 합니다.

연습문제

1. 녹음을 듣고 알맞은 대화문을 연결하세요. 연습 12

(1) ■ ■ 是我的，谢谢。

(2) ■ ■ 很抱歉，毛毯不可以带走。

(3) ■ ■ 好的。

(4) ■ ■ 不好意思，我马上座。

(5) ■ ■ 请您前往中转柜台办理转机手续。

보충 단어 **带走** dàizǒu 동 가지고 가다 | **应该** yīnggāi 조동 마땅히 ~해야 한다 | **您的** nín de 당신의 것 | **我的** wǒ de 나의 것

2. 다음 상황에 맞게 대화문을 완성하세요.

(1) ______________________________。

(감사합니다. 또 뵙겠습니다.)

再见。

(안녕히 계세요.)

(2) ______________________________。

(탑승해 주셔서 감사합니다.)

辛苦了。

(수고했습니다.)

보충 단어 **辛苦** xīnkǔ 수고하다, 고생하다

(3) 现在我可以去洗手间吗？

(지금 화장실에 가도 되나요?)

_______________________________ 。

(비행기가 곧 착륙하여 화장실에 가실 수 없습니다.)

(4) _______________________________ 。

(즐거운 여행 되시기 바랍니다!)

谢谢。

(감사합니다.)

3. 다음 제시된 단어를 어순에 맞게 배열하세요.

(1) 带离 / 飞机 / 不 / 能 / 。

(항공기 외부로 가져가실 수 없습니다.)

▶ _______________________________

(2) 您 / 座位 / 在 / 上 / 等待 / 请 / 。

(좌석에서 기다려 주십시오.)

▶ _______________________________

(3) 您 / 我 / 再 / 后 / 会 / 确认 / 告诉 / 。

(확인하여 다시 알려드리겠습니다.)

▶ _______________________________

(4) 行李 / 重新 / 行李架 / 请 / 放回 / 您 / 把 / 。

(짐을 다시 선반 속에 넣어 주시기 바랍니다.)

▶ ______________________________

4. 다음 한국어를 참고하여 다양한 문장을 만들어 보세요.

(1) ~하시기 바랍니다!

祝您 + [　　　　] ! (편안한 여행 되시길 바랍니다!)

祝您 + [　　　　] ! (빨리 나아지시길 바랍니다!)

祝您 + [　　　　] ! (건강하시길 바랍니다!)

(2) ~을/를 챙기십시오.

请您带好 + [　　　　] 。(휴대품을 잘 챙기십시오.)

请您带好 + [　　　　] 。(면세품을 잘 챙기십시오.)

请您带好 + [　　　　] 。(여권을 잘 챙기십시오.)

승객 하기 순서

항공기 승객 하기 시에는 항공사 규정과 다양한 고객의 특성을 고려하고 정해진 순서를 준수해야 합니다. 기내에서 응급상황 등이 발생하였을 경우 목적지 도착 시 긴급 의학적 조치가 필요한 승객이 가장 먼저 하기합니다. 먼저 하기한 승객이 도착지 공항에 준비된 앰뷸런스로 안전하게 이동할 수 있도록 합니다. 응급상황이 발생하지 않았거나 혹은 적절한 응급조치가 이루어지고 나면 그다음으로 별도의 의전 서비스가 필요한 VIP 승객, 일등석, 비즈니스석 승객 순으로 하기가 이루어집니다. 그리고 하기에 오랜 시간이 소요되는 운송 제한 승객 및 스트레처(stretcher) 승객은 가장 마지막으로 하기합니다.

❶ 긴급한 의학적 조치가 필요한 승객
↓
❷ VIP
↓
❸ 일등석 승객
↓
❹ 비즈니스석 승객
↓
❺ 비동반 소아
↓
❻ 일반석 승객
↓
❼ 운송 제한 승객(휠체어 승객 포함)
↓
❽ 스트레처 승객

승객 하기

부록

1. 중국어의 문장 부호

중국어는 한국어와 달리 띄어쓰기가 없습니다. 따라서 문장 부호로 단어(词 · cí), 구(短语 · duǎnyǔ), 절/분문(小句 · xiǎojù), 문장(句子 · jùzi)을 잘 끊어줘야 올바른 의미 전달을 할 수 있습니다. 물음표, 느낌표, 말줄임표와 같이 한국어와 용법이 비슷한 문장 부호를 제외한 중국어의 기본적인 문장 부호를 익혀 한국어와 중국어의 문장 부호를 혼용하지 않도록 합시다.

① 。(句号 jùhào 마침표): 서술문이 끝났을 때 사용합니다. 한국어의 마침표와 같습니다.

[예] **飞机快登机了。** 비행기가 곧 탑승을 시작한다.
Fēijī kuài dēngjī le.

② ，(逗号 dòuhào 쉼표): 문장 내부에서 띄어 읽어야 할 곳에 사용합니다.

[예] **请问，有中文报纸吗？** 실례지만 중국어 신문 있나요?
Qǐngwèn, yǒu Zhōngwén bàozhǐ ma?

③ 、(顿号 dùnhào 모점): 문장 내부에서 단어나 구를 병렬할 때 사용합니다.

[예] **机上有韩国人、中国人和日本人。** 기내에 한국인, 중국인, 일본인이 있다.
Jīshàng yǒu Hánguórén, Zhōngguórén hé Rìběnrén.

④ " " (双引号 shuāngyǐnhào 큰따옴표): 직접 인용 외에도 고유명사, 외래어, 강조, 비유 등을 나타낼 때 모두 사용합니다. 한국어에서 마음속 말, 고유명사, 외래어, 강조, 비유를 할 때 작은따옴표를 쓰는 것과 대비됩니다.

[예] **乘务员说："谢谢！"** 승무원이 "감사합니다!"라고 말했다.
Chéngwùyuán shuō, "xièxie!"

⑤ ' ' (单引号 dānyǐnhào): 중국어에서 작은따옴표는 큰따옴표 안에 들어가는 큰따옴표를 써야 할 때 사용합니다.

[예] 总统称："目前新冠疫情是航空业面临的'最突出的'问题。" 대통령은 "현재 코로나19가 항공업계의 '가장 현저한' 문제"라고 말했다.
Zǒngtǒng chēng, "mùqián xīnguàn yìqíng shì hángkōngyè miànlín de 'zuì tūchū de' wèntí."

⑥ ：(冒号 màohào 쌍점)：제시성이 강한 말 뒤에 사용되어 뒤에 나오는 내용을 이끌어 줍니다.

[예] 女士们、先生们： 신사숙녀 여러분(승객 여러분)
nǚshìmen, xiānshengmen

⑦ ；(分号 fēnhào 쌍반점)：복문 안에서 문장을 병렬할 때 사용합니다.

[예] 2005年，江西发生洪水；2006年，川渝遭受干旱。 2005년 장시성(江西省)은 홍수, 2006년 촨위(川渝 · 쓰촨과 충칭) 지역은 가뭄이 발생했다.
Èrlínglíngwǔ nián, Jiāngxī fāshēng hóngshuǐ, èrlínglíngliù nián, ChuānYú zāoshòu gānhàn.

⑧《 》(书名号 shūmínghào 겹화살괄호)：책 제목, 영화나 드라마 제목, 신문명, 간행물명 등을 나타낼 때 사용합니다.

[예]《鱿鱼游戏》 오징어 게임
Yóuyú yóuxì

《西游记》 서유기
Xīyóujì

⑨ ——(破折号 pòzhéhào 줄표)：바로 앞에서 언급한 내용을 부연 설명하거나 보충할 때 사용합니다.

[예] 中国的古都——西安拥有悠久的历史。 중국의 고도 시안은 유구한 역사를 가지고 있다.
Zhōngguó de gǔdū, Xī'ān yōngyǒu yōujiǔ de lìshǐ.

2. 취항지와 공항 명칭

중국인 승객을 응대하려면 기본적으로 한중 간 비행노선과 공항 명칭을 알고 있어야 합니다. 현재 취항 중인 한국과 중국의 도시와 국제공항 명칭을 중국어로 익혀 봅시다.

한국의 국제공항

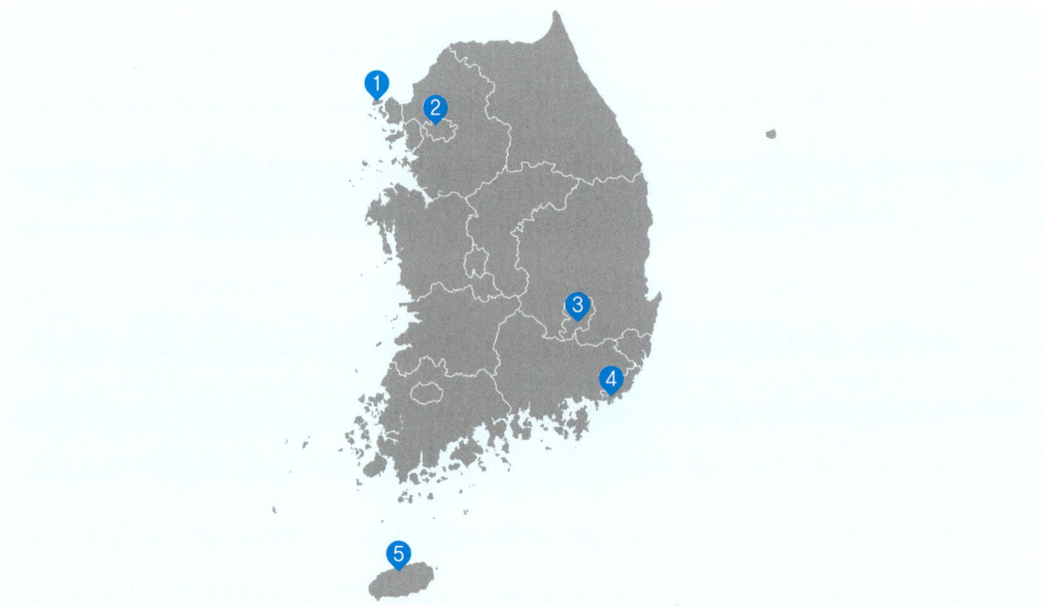

번호	지역	공항 한국명	공항 중국명	한어병음	IATA
1	인천광역시	인천국제공항	**仁川国际机场**	Rénchuān guójì jīchǎng	ICN
2	서울특별시	김포국제공항	**金浦国际机场**	Jīnpǔ guójì jīchǎng	GMP
3	대구광역시	대구국제공항	**大邱国际机场**	Dàqiū guójì jīchǎng	TAE
4	김해시	김해국제공항	**金海国际机场**	Jīnhǎi guójì jīchǎng	PUS
5	제주특별자치도	제주국제공항	**济州国际机场**	Jìzhōu guójì jīchǎng	CJU

중국의 국제공항

번호	지역	공항 한국명	공항 중국명	한어병음	IATA
1	하얼빈	하얼빈타이핑국제공항	哈尔滨太平 国际机场	Hā'ěrbīn tàipíng guójì jīchǎng	HRB
2	창춘	창춘룽자국제공항	长春龙嘉 国际机场	Chángchūn lóngjiā guójì jīchǎng	CGQ
3	옌지	옌지차오양촨국제공항	延吉朝阳川 国际机场	Yánjí cháoyángchuān guójì jīchǎng	YNJ
4	선양	선양타오셴국제공항	沈阳桃仙 国际机场	Shěnyáng táoxiān guójì jīchǎng	SHE
5	후허하오터	후허하오터바이타국제공항	呼和浩特白塔 国际机场	Hūhéhàotè báitǎ guójì jīchǎng	HET
6	베이징	베이징다싱국제공항	北京大兴 国际机场	Běijīng dàxīng guójì jīchǎng	PKX

번호	지역	공항 한국명	공항 중국명	한어병음	IATA
7	베이징	베이징서우두국제공항	北京首都 国际机场	Běijīng shǒudū guójì jīchǎng	PEK
8	톈진	톈진빈하이국제공항	天津滨海 国际机场	Tiānjīn bīnhǎi guójì jīchǎng	TSN
9	다롄	다롄저우수이쯔국제공항	大连周水子 国际机场	Dàlián zhōushuǐzǐ guójì jīchǎng	DLC
10	옌타이	옌타이펑라이국제공항	烟台蓬莱 国际机场	Yāntái pénglái guójì jīchǎng	YNT
11	웨이하이	웨이하이다수이보국제공항	威海大水泊 国际机场	Wēihǎi dàshuǐbó guójì jīchǎng	WEH
12	칭다오	칭다오류팅국제공항	青岛流亭 国际机场	Qīngdǎo liútíng guójì jīchǎng	TAO
13	지난	지난야오창국제공항	济南遥墙 国际机场	Jǐnán yáoqiáng guójì jīchǎng	TNA
14	시안	시안셴양국제공항	西安咸阳 国际机场	Xī'ān xiányáng guójì jīchǎng	XIY
15	정저우	정저우신정국제공항	郑州新郑 国际机场	Zhèngzhōu xīnzhèng guójì jīchǎng	CGO
16	난징	난징루커우국제공항	南京禄口 国际机场	Nánjīng lùkǒu guójì jīchǎng	NKG
17	상하이	상하이훙차오국제공항	上海虹桥 国际机场	Shànghǎi hóngqiáo guójì jīchǎng	SHA
18		상하이푸둥국제공항	上海浦东 国际机场	Shànghǎi pǔdōng guójì jīchǎng	PVG
19	닝보	닝보리스국제공항	宁波栎社 国际机场	Níngbō lìshè guójì jīchǎng	NGB
20	항저우	항저우샤오산국제공항	杭州萧山 国际机场	Hángzhōu xiāoshān guójì jīchǎng	HGH
21	우한	우한톈허국제공항	武汉天河 国际机场	Wǔhàn tiānhé guójì jīchǎng	WUH

번호	지역	공항 한국명	공항 중국명	한어병음	IATA
22	창사	창사황화국제공항	长沙黄花 国际机场	Chángshā huánghuā guójì jīchǎng	CSX
23	샤먼	샤먼가오치국제공항	厦门高崎 国际机场	Shàmén gāoqí guójì jīchǎng	XMN
24	선전	선전바오안국제공항	深圳宝安 国际机场	Shēnzhèn bǎoān guójì jīchǎng	SZX
25	광저우	광저우바이윈국제공항	广州白云 国际机场	Guǎngzhōu báiyún guójì jīchǎng	CAN
26	하이난다오	하이커우메이란국제공항	海口美兰 国际机场	Hǎikǒu měilán guójì jīchǎng	HAK
27		싼야펑황국제공항	三亚凤凰 国际机场	Sānyà fènghuáng guójì jīchǎng	SYX
28	구이린	구이린량장국제공항	桂林两江 国际机场	Guìlín liǎngjiāng guójì jīchǎng	KWL
29	충칭	충칭장베이국제공항	重庆江北 国际机场	Chóngqìng jiāngběi guójì jīchǎng	CKG
30	청두	청두솽류국제공항	成都双流 国际机场	Chéngdū shuāngliú guójì jīchǎng	CTU
31	쿤밍	쿤밍창수이국제공항	昆明长水 国际机场	Kūnmíng chángshuǐ guójì jīchǎng	KMG

3. 한국과 중국의 주요 항공사

한중노선을 취항하는 주요 항공사의 중국어 명칭을 익혀 봅시다. IATA(International Air Transport Association, 국제항공운송협회)의 코드는 알파벳 2개 혹은 알파벳과 숫자 혼합형으로 ICAO(International Civil Aviation Organization, 국제민간항공기구)의 코드는 알파벳 3개로 구성되어 있습니다.

한국의 주요 항공사

KOREAN AIR	ASIANA AIRLINES	JEJUair	JINAIR
대한항공 (KE/KAL) **大韩航空** Dàhán hángkōng	아시아나 (OZ/AAR) **韩亚航空** Hányà hángkōng	제주항공 (7C/JJA) **济州航空** Jìzhōu hángkōng	진에어 (LJ/JNA) **真航空** Zhēn hángkōng
t'way	AIR SEOUL	AIR BUSAN	
티웨이항공 (TW/TWB) **德威航空** Déwēi hángkōng	에어서울 (RS/ASV) **首尔航空** Shǒu'ěr hángkōng	에어부산 (BX/ABL) **釜山航空** Fǔshān hángkōng	

중국의 주요 항공사

길상항공 (HO/DKH) **吉祥航空** Jíxiáng hángkōng	쓰촨항공 (3U/CSC) **四川航空** Sìchuān hángkōng	산둥항공 (SC/CDG) **山东航空** Shāndōng hángkōng	상하이항공 (FM/CSH) **上海航空** Shànghǎi hángkōng
수도항공 (JD/CBJ) **首都航空** Shǒudū hángkōng	선전항공 (ZH/CSZ) **深圳航空** Shēnzhèn hángkōng	중국국제항공 (CA/CCA) **中国国际航空** Zhōngguó guójì hángkōng	중국남방항공 (CZ/CSN) **中国南方航空** Zhōngguó nánfāng hángkōng
중국동방항공 (MU/CES) **中国东方航空** Zhōngguó dōngfāng hángkōng	창룽항공 (GJ/CDC) **长龙航空** Chánglóng hángkōng	톈진항공 (GS/GCR) **天津航空** Tiānjīn hángkōng	춘추항공 (9C/CQH) **春秋航空** Chūnqiū hángkōng

칭다오항공 (QW/QDA) **青岛航空** Qīngdǎo hángkōng	샤먼항공 (MF/CXA) **厦门航空** Xiàmén hángkōng	하이난항공 (HU/CHH) **海南航空** Hǎinán hángkōng	마카오항공 (NX/AMU) **澳门航空** Àomén hángkōng
중화항공 (CI/CAL) **中华航空** Zhōnghuá hángkōng	캐세이퍼시픽 (CX/CPA) **国泰航空** Guótài hángkōng		

연습문제 답안 및
방송 대본

연습문제 답안

중국어 발음 연습

1. (1) ④ (2) ③ (3) ① (4) ② (5) ③ (6) ① (7) ③

2. (1) ③ (2) ③ (3) ② (4) ③ (5) ① (6) ③ (7) ①

3. (1) ③ (2) ② (3) ① (4) ④

4. (1) ③ (2) ① (3) ③ (4) ①

제1과

1. (1)
(2)
(3)
(4)
(5)

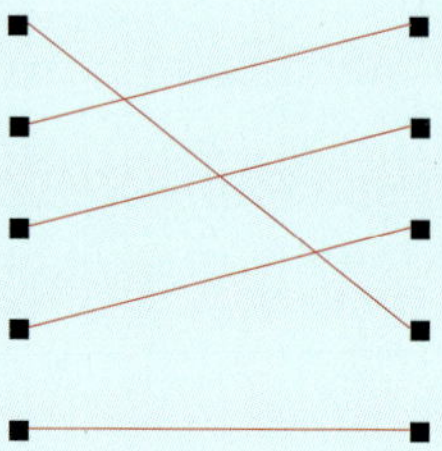

2. (1) 早上好！
(2) 谢谢。
(3) 对不起。
(4) 您这边请。

3. (1) 请稍等。
(2) 请走楼梯。
(3) 您的座位在这边。
(4) 请放在行李架内。

4. (1) 您(你) / 早上 / 大家
(2) 您 / 登机 / 光临

제2과

1. (1)
(2)
(3)
(4)
(5)

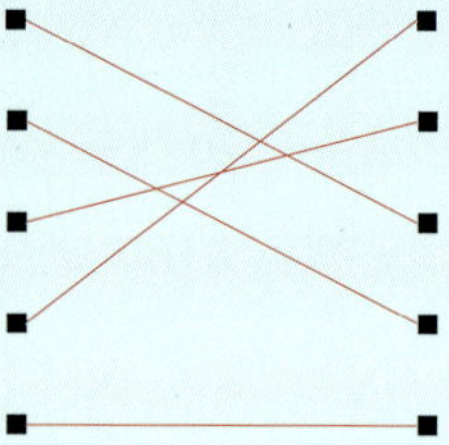

2. (1) 我给您安装婴儿摇篮。
(2) 请您抱好孩子。
(3) (본인의 이름을 넣어서) 我姓○。(我叫○○○。)
(4) 您预定了儿童餐吗？

3. (1) 机内有轮椅。
(2) 请按呼唤铃。
(3) 请在座位上稍等。
(4) 这是给小朋友的礼物。

4. (1) 您(你) / 小朋友 / 大家
(2) 乘务员 / 儿童 / (본인 이름) ○○○

제3과

1. (1)
(2)
(3)
(4)
(5)

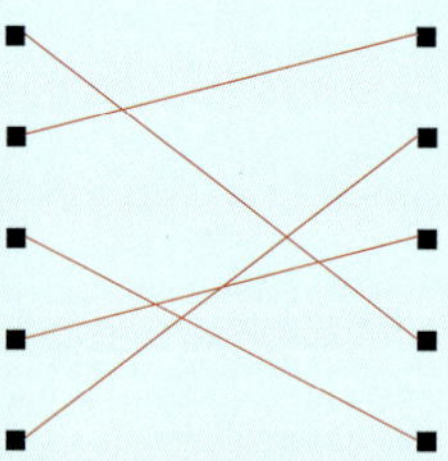

2. (1) 很抱歉，报纸已经没有了。
(2) 这里面有拖鞋、牙刷和牙膏。
(3) 请稍等，给您换耳机。

(4) 下午12点45分。

3. (1) 这个报纸可以吗？
(2) 我马上拿给您。
(3) 现在上海时间为下午两点。
(4) 中国与韩国有一个小时的时差。

4. (1) 报纸 / 中文报纸 / 洗漱包
(2) 耳机 / 拖鞋 / 牙刷

제4과

1. (1)
(2)
(3)
(4)

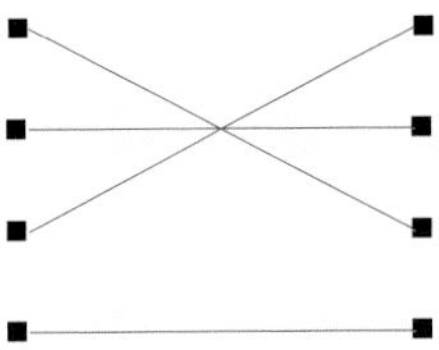

2. (1) 飞机快要起飞了。请您坐下。
(2) 请您立直椅背。
(3) 请您把手机调成飞行模式。
(4) 飞机有所延误。感谢您的谅解。

3. (1) 请收回原位。
(2) 请您不要使用手机。
(3) 我来帮您系一下安全带。
(4) 请您在座位上休息等候。

4. (1) 坐下 / 系好安全带 / 收起小桌板
(2) 您 / 乘务员 / 您乘坐本次航班(您乘坐○○航空)

제5과

1. (1)
(2)
(3)
(4)
(5)

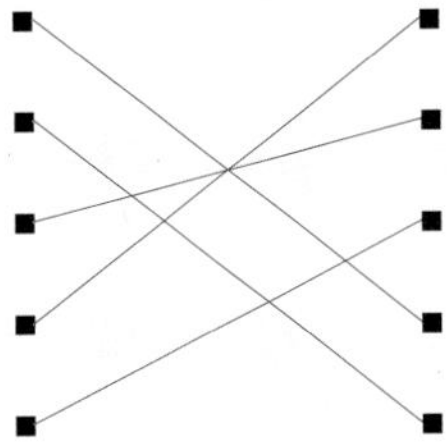

2. (1) 我来帮您看一下。
(2) 我来帮您关空调。
(3) 很抱歉，给您带来不便。
(4) 有，我去叫中国乘务员。

3. (1) 请您谅解。
(2) 我为您重启屏幕。
(3) 请不要触摸屏幕和遥控器。
(4) 需要给您打开阅读灯吗？

4. (1) 耳机 / 我来帮您 / 打开阅读灯
(2) 换座位 / 关空调 / 去洗手间

제6과

1. (1)
(2)
(3)
(4)
(5)

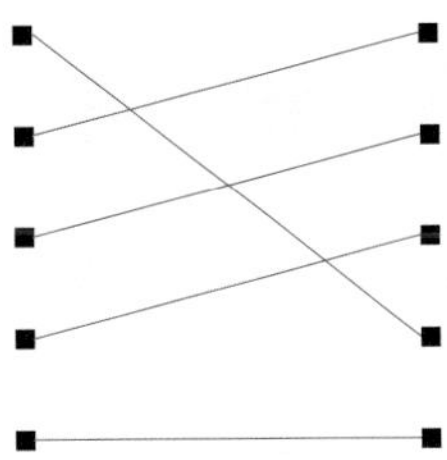

2. (1) 您要吃什么？
(2) 好的，请慢用。
(3) 很抱歉，我给您换新的。
(4) 很抱歉，牛肉已经没有了。鸡肉可以吗？

3. (1) 热菜需要20分钟。

(2) 可能要等一会儿。

(3) 我们有牛肉和韩式拌饭。

(4) 麻烦您调直座椅靠背。

4. (1) 借过 / 稍等 / 看

(2) 儿童餐 / 午餐 / 热毛巾

제7과

1. (1) (2) (3) (4) (5)

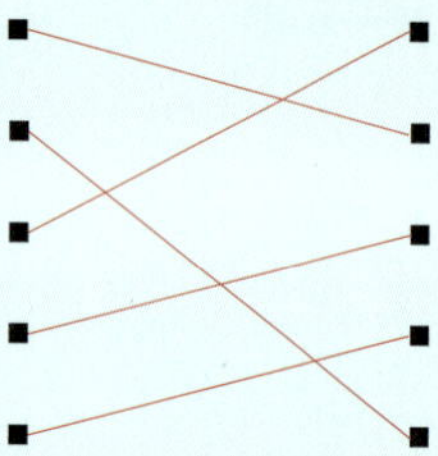

2. (1) 我们有橙汁、可乐和啤酒。

(2) 请问, 您用完餐了吗？

(3) 需要帮您收走吗？

(4) 我一会儿再来收。请慢用。

3. (1) 茶很烫, 请您小心。

(2) 这是您要的饮料。

(3) 现在为您提供餐食, 可以吗？

(4) 您要喝咖啡还是茶？

4. (1) 绿茶, 红茶 / 可乐, 雪碧 / 牛肉, 鸡肉

(2) 水 / 咖啡 / 啤酒

제8과

1. (1) (2) (3) (4) (5)

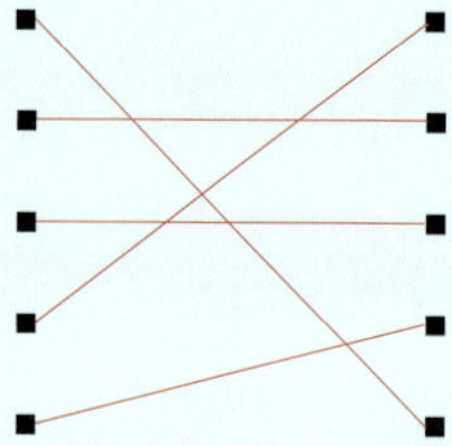

2. (1) 您需要购买免税品吗？

(2) 请您在这里签名。

(3) 请您确认一下商品。

(4) 到目的地前, 请不要拆开。

3. (1) 一共105美元。

(2) 我们在销售免税品。

(3) 您要付现金还是刷卡？

(4) 这是您预购的免税品。

4. (1) 填写一下 / 收起小桌板 / 放下座椅扶手

(2) 拆开 / 使用手机 / 触摸屏幕

제9과

1. (1) (2) (3) (4) (5)

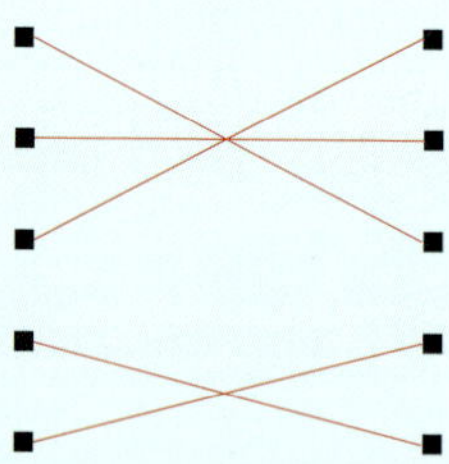

2. (1) 您需要入境卡吗？

(2) 您不用填写入境卡。

(3) 所有乘客都要填写海关申报单。

(4) 您需要我帮您填写入境卡吗？

3. (1) 您需要笔吗？

(2) 您有申报的东西吗？

(3) 每位乘客都需要填写入境卡。

(4) 只要填写海关申报单就可以了。

4. (1) 笔 / 中国乘务员 / 申报的东西

(2) 入境卡 / 海关申报单 / 您的护照

제10과

1. (1)

(2)

(3)

(4)

(5)

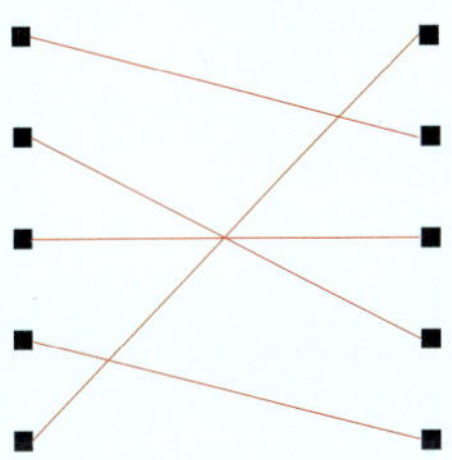

2. (1) 这里是紧急出口，请不要在这里。

(2) 可以调低一点声量吗？

(3) 请稍等，我马上拿给您。

(4) 我去调高一点客舱温度。

3. (1) 我给您拿冰水。

(2) 我可以关呼唤铃吗？

(3) 现在好一点了吗？

(4) 请安静一下，可以吗？

4. (1) 坐 / 收走 / 关呼唤铃

(2) 这个报纸 / 鸡肉 / 雪碧

제11과

1. (1)

(2)

(3)

(4)

(5)

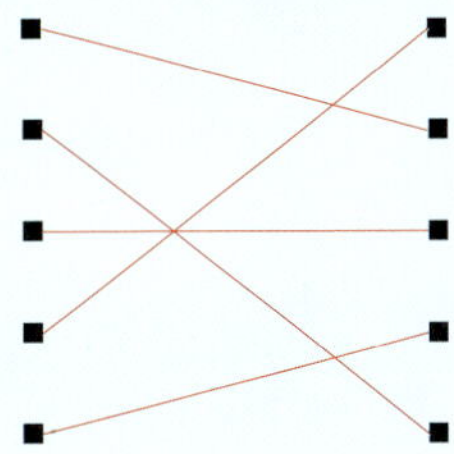

2. (1) 客舱内禁止吸烟。

(2) 请您回到座位上。

(3) 请您戴好口罩。

(4) 请您保持社交距离。

3. (1) 请跟我们讲。

(2) 请您正确佩戴口罩。

(3) 请及时与乘务员联系。

(4) 请您停止目前的行动。

4. (1) 吸烟 / 使用手机 / 喝饮料

(2) 我们 / 乘务员 / 地勤人员

제12과

1. (1)

(2)

(3)

(4)

(5)

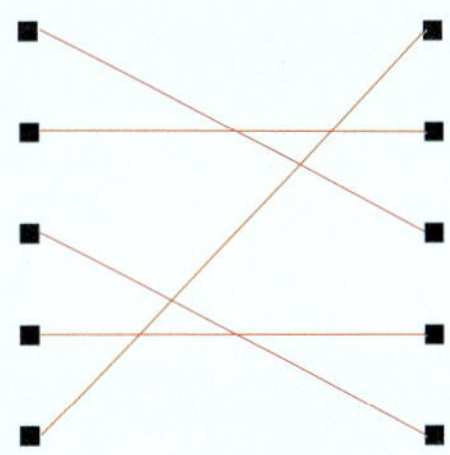

2. (1) 谢谢，再见。

(2) 感谢您乘坐本次航班。

(3) 飞机马上要着陆了，不可以去洗手间。

(4) 祝您旅途愉快!

3. (1) 不能带离飞机。

(2) 请您在座位上等待。

(3) 我会确认后再告诉您。

(4) 请您把行李重新放回行李架。

4. (1) 旅途平安 / 早日康复 / 身体健康

(2) 手提物品 / 免税品 / 护照

방송 대본

중국어 발음 연습 | 연습문제

1. (1) f (2) n (3) g (4) q (5) s (6) zh (7) c
2. (1) o (2) ao (3) en (4) yin (5) wo (6) yun (7) you
3. (1) nǐ (2) dá (3) zhī (4) jì
4. (1) là (2) jù (3) shí (4) shìr

제1과 | 연습문제

1. (1) 您好!

(2) 请出示登机牌。

(3) 谢谢!

(4) 请跟我来。

(5) 对不起。

제2과 | 연습문제

1. (1) 请问, 您贵姓?

(2) 您申请了婴儿摇篮吗?

(3) 谢谢您的确认。

(4) 我来帮您。

(5) 请您联系我们乘务员。

제3과 | 연습문제

1. (1) 有中文报纸吗?

(2) 您有什么需要吗?

(3) 您好, 您的洗漱包 。

(4) 现在几点?

(5) 要飞多长时间?

제4과 | 연습문제

1. (1) 怎么系安全带?

(2) 飞机为什么延误了?

(3) 请您回座位坐好。

(4) 为了安全, 请关闭手机。

제5과 | 연습문제

1. (1) 耳机插孔在哪里?

(2) 请问, 怎么打开阅读灯?

(3) 需要我帮您看一下吗?

(4) 打扰一下, 现在可以了吗?

(5) 您想换到那边的座位吗?

제6과 | 연습문제

1. (1) 您需要热毛巾吗？
   (2) 您要用餐吗？
   (3) 您要吃什么？
   (4) 这是您的午餐。
   (5) 想用餐时，请您告诉我。

제7과 | 연습문제

1. (1) 请问，您要喝红酒吗？
   (2) 请问，您要喝什么？
   (3) 您想再来一杯吗？
   (4) 您好，吃得好吗？
   (5) 没有苏打水，雪碧可以吗？

제8과 | 연습문제

1. (1) 请问，有这个化妆品吗？
   (2) 您要用什么方式结算？
   (3) 这瓶酒多少钱？
   (4) 这是您的收据和信用卡。
   (5) 请问，您要转机吗？

제9과 | 연습문제

1. (1) 您是哪国人？
   (2) 这是入境卡。
   (3) 每个人都要填写海关申报单吗？
   (4) 乘务员，您有笔吗？
   (5) 您可以帮我填写入境卡吗？

제10과 | 연습문제

1. (1) 不好意思，可以回到座位吗？
   (2) 请问，有什么需要帮忙的？
   (3) 请问，有毛毯吗？
   (4) 先生，您哪里不舒服？
   (5) 如果有什么需要，请随时呼叫乘务员。

제11과 | 연습문제

1. (1) 乘务员，有消毒液吗？
   (2) 您好，您可以小声一点吗？
   (3) 乘务员，我可以换座吗？
   (4) 小姐，我能喝红酒吗？
   (5) 乘务员，防疫软件怎么下载？

제12과 | 연습문제

1. (1) 我现在需要收回耳机。
   (2) 这个毛毯我可以带走吗？
   (3) 我要转机。下飞机后应该去哪里？
   (4) 飞机还在滑行，请先坐好。
   (5) 先生，这是您的吗？请您带好手提物品。

사진 출처

1과

〈연습문제〉

Siam Stock/Shutterstock.com

Blue Planet Studio/Shutterstock.com

MNBB Studio/Shutterstock.com

Siam Stock/Shutterstock.com

〈항공상식〉

Skycolors/Shutterstock.com

KITTIKUN YOKSAP/Shutterstock.com

ivandan/iStock/Getty Images Plus

M101Studio/Shutterstock.com

Rebius/Shutterstock.com

vvoe/Shutterstock.com

2과

〈연습문제〉

Travelpixs/Shutterstock.com

Tomsickova Tatyana/Shutterstock.com

Blue Planet Studio/Shutterstock.com

FamVeld/Shutterstock.com

〈항공상식〉

Fadhli Adnan/Shutterstock.com

ESB Professional/Shutterstock.com

3과

〈연습문제〉

Olena Yakobchuk/Shutterstock.com

NUTTANART KHAMLAKSANA/Shutterstock.com

Jo Theera/Shutterstock.com

MediaProduction/E+/Getty Images

〈항공상식〉

Mangkorn Danggura/Shutterstock.com

4과

〈연습문제〉

Bajo Rogan Photography/Shutterstock.com

Mangkorn Danggura/Shutterstock.com

BigPixel Photo/Shutterstock.com

Ko Aun Lee/Shutterstock.com

〈항공상식〉

Creative Credit/iStock/Getty Images Plus

5과

〈연습문제〉

diy13/Shutterstock.com

Rattanasak Khuentana/Shutterstock.com

Kawin Ounprasertsuk/Shutterstock.com

Mangkorn Danggura/Shutterstock.com

〈항공상식〉

JeJai Images/Shutterstock.com

6과

〈연습문제〉

David_Ahn/iStock/Getty Images Plus

ViewStock/View Stock/Getty Images

photosounds/Shutterstock.com

Sorbis/Shutterstock.com

〈항공상식〉

Aureliy/Shutterstock.com

7과

〈연습문제〉

M2020/Shutterstock.com

YAKOBCHUK VIACHESLAV/Shutterstock.com

Cat Box/Shutterstock.com

People Image Studio/Shutterstock.com

〈항공상식〉

Sunshine Seeds/Shutterstock.com

8과

〈연습문제〉

IgorGolovniov/Shutterstock.com

Hananeko_Studio/Shutterstock.com

Patcharanan/Shutterstock.com

Iconic Cornwall/Alamy Stock Photo

〈항공상식〉

William Saar/Alamy Stock Photo

9과

〈Tip〉

maak/Shutterstock.com

〈연습문제〉

1981 Rustic Studio kan/Shutterstock.com

MNBB Studio/Shutterstock.com

Mangkorn Danggura/Shutterstock.com

Mangkorn Danggura/Shutterstock.com

〈항공상식〉

Sergey Shik/Shutterstock.com

Sergey Shik/Shutterstock.com

Sergey Shik/Shutterstock.com

10과

〈연습문제〉

kryzhov/Shutterstock.com

Marharyta Gangalo/Shutterstock.com

Ha-nu-man/Shutterstock.com

BigPixel Photo/Shutterstock.com

〈항공상식〉

Shotmedia/Shutterstock.com

11과

〈연습문제〉

Tang Yan Song/Shutterstock.com

lightpoet/Shutterstock.com

Sopotnicki/Shutterstock.com

Viktor Konya/Shutterstock.com

〈항공상식〉

Papuchalka – kaelaimages/Shutterstock.com

12과

〈연습문제〉

Sorbis/Shutterstock.com

Sorbis/Shutterstock.com

Mangkorn Danggura/Shutterstock.com

tong patong/Shutterstock.com

〈항공상식〉

ChameleonsEye/Shutterstock.com